Sabine Hirler

Neue Singspiele und Musikprojekte

Pfiffige Angebote für das Kindergartenjahr

HERDER

FREIBURG · BASEL · WIEN

Liebe Leserin, lieber Leser,

> *„Die Musik drückt das aus, was nicht gesagt werden kann und worüber zu schweigen unmöglich ist."*
> Victor Hugo (1802–1885)

Musik ist reine Geschmackssache. Der eine hört am liebsten nur Klassik und Jazz und die andere Pop- und Country-Musik.
Aber was gefällt Kindern? Eines ist sicher, Kindern gefällt Musik vor allem dann, wenn sie mit ihr in einen aktiven Prozess treten können.

Musik fördert!

Bei Kindern die Freude an der eigenen Stimme zu wecken und eine emotionale Beziehung zu selbst gesungenen Liedern zu entwickeln, steht gerade in der besonders sensiblen Phase der Entwicklung von Sprache und Wahrnehmungsfähigkeit im Mittelpunkt einer musisch-ästhetischen Förderung in der Kita. Darüber hinaus sind musikalische Angebote in der frühen Kindheit durch die Förderung der Sensorischen Integration mittels der spielerischen Umsetzung von Liedern, Reimen und musikalischen Wahrnehmungsspielen von grundlegender Bedeutung. Tatsache ist, dass Kinder bis weit in das Grundschulalter Musik vor allem über die Bewegung mit allen Sinnen erfahren und sich mit ihr wie auf einer Entwicklungsspirale in ihrer Motorik, in der sprachlichen Kompetenz, im Sozialverhalten und im Zusammenspiel ihrer Sinne weiterentwickeln.

Musikprojekte aus der Praxis für die Praxis

Kinder agieren mit großer emotionaler Beteiligung in den musikalischen Projekten und mit besonderer Leidenschaft, wenn das Projekt in eine Aufführung mündet. Und genau dies erwartet Sie in diesem Buch. Sämtliche Spiele, Lieder, Singspiele und Musikprojekte habe ich im Rahmen des Unterrichtes in meinem pädagogisch-therapeutischen Musikinstitut entwickelt und konnte dabei Erstaunliches beobachten: Die Kinder werden freier, selbstbewusster, sozial kompetenter und kreativer.
Sie finden in diesem Buch abwechslungsreiche, emotional ansprechende und sensorisch interessante Angebote in Musik und Bewegung, die durch Geschichten an reizvolle Erlebniswelten für Kinder anknüpfen. Bei den ganzheitlichen Spielangeboten dieses Buches steht das gemeinsame Erleben, Singen und Musizieren im Vordergrund und nicht das sture Einüben vorgegebener Rollen. So bleiben die Kinder über einen längeren Zeitraum motiviert, da sie mit eigenen kreativen Impulsen das Projekt mitgestalten.

Die Themenauswahl der Singspiele orientiert sich an den Festen und Jahreszeiten im Jahreskreis. Inhaltlich werden wichtige Erziehungsbereiche berührt: es geht um Toleranz, Stärkung des Selbstvertrauens, die Entwicklung von Empathie, darum, wie es ist, ein Freund zu sein und was es bedeutet, Freunde zu haben. Die Themen knüpfen an Erfahrungen aus dem Alltag der Kinder an, bieten aber auch die Möglichkeit, in Fantasiewelten einzutauchen und sich in verschiedenen Rollen zu erproben.

Das Buch im Praxiseinsatz

Lassen Sie sich von den Ideen des Buches inspirieren und entdecken Sie mit den Kindern kreative Umsetzungsformen!

Die Projekte in diesem Buch sind ‚durchlässig' aufgebaut, das heißt, jede Spielleitung und jedes Team kann sie mit den eigenen Ideen und in den jeweiligen Rahmenbedingungen umsetzen und gestalten. Bei der musikalischen Umsetzung gibt es Alternativvorschläge zu den Instrumenten, so dass Sie Ihre eigenen musikalischen Kompetenzen an die Vorschläge anpassen können. An dieser Stelle sei auf die CD zum Buch: „Zirkus Bella Stella", erschienen bei Jumbo Neue Medien, hingewiesen. Dort sind die einfachen Singspiele in Liedform zusätzlich auch als Playback zu hören, die zum Beispiel während der Aufführung eingesetzt werden können.

Für Kinder ist es besonders spannend, wenn die ganzheitlichen Angebote durch eine Aufführung abgerundet werden. Die Aufführung ist ein organischer Abschluss der vorangegangenen Spieleinheiten. Sie ist der Höhepunkt des prozesshaften Musikprojektes. Zudem sollte ein weiterer Aspekt nicht außer acht gelassen werden – dass eine Aufführung auch eine gute Möglichkeit ist, sich als Institution der Öffentlichkeit zu präsentieren.

Ich wünsche Ihnen, dass Sie bei der Durchführung der Musikprojekte und Singspiele von den Kindern reich beschenkt werden – mit einem strahlendem Lächeln, mit unerwartetem innerem Wachstum, mit geweckter Neugierde, mit neu gefundenem Gemeinschaftsgefühl, mit Stolz auf das Geschaffene.

Viel Freude und Spaß wünscht
Sabine Hirler

Hadamar, im Dezember 2006

EINFÜHRUNG IN DAS THEMA

Einstimmung

In allen Kulturen der Menschheit gibt es in irgendeiner Form Musik: Sie ist ein wichtiger Bestandteil des Alltagslebens und kommt bei der Gestaltung von Festivitäten wie zum Beispiel Hochzeiten, aber auch Begräbnissen zum Einsatz. Musik kann Emotionen zum Ausdruck bringen und auslösen – seien es Trauer, Freude, Extase oder Euphorie – und all das meist auf unmittelbare Weise.

Als universelle Sprache hilft Musik nicht nur, andere Kulturen zu verstehen, sondern uns selbst auf nonverbale Weise auszudrücken. Das wissen heutzutage nicht nur Musiktherapeuten, sondern das war schon den alten Griechen in der Antike bekannt. Musik, Bildung und Medizin waren dort eng miteinander verbunden. Denn Musik und die Bewegung zur Musik, der Tanz, können durch den unmittelbaren Zugang zu den Emotionen ausgleichend wirken und heilen, weil Musik die für Gefühle zuständigen Areale des Gehirns umfangreich anregt. Sogar die Redewendung: „Mit Musik geht alles besser!" wurde wissenschaftlich bestätigt, da Klänge und Töne die Ausschüttung von Dopamin beeinflussen. Dieser Botenstoff kann euphorische Gefühle auslösen, beeinflusst unsere Motivation zu handeln, Dinge zu erledigen, Aufgaben anzugehen.

Schon im Mutterleib reagiert der Fötus auf die Stimme der Mutter, auf Geräusche von außerhalb und auf Musik. Das Gehör ist der erste Fernsinn, der ausgebildet wird. Viele Forschungsergebnisse der letzten Jahre belegen eindeutig, dass Kinder durch den spielerischen und freudvollen Umgang mit Musik auf vielfältige Weise gefördert werden.

Die untrennbare Einheit von Musik, Sprache und Bewegung

Lauschend und offen kommt das Kind auf die Welt. Es lernt Klänge, Laute und Geräusche zuzuordnen und diese wie ein Sprachmuster als Basis für das eigene Sprechen und Wissen aufzunehmen. Dabei kommt Liedern und rhythmisch gesprochenen Reimen, vor allem wenn sie mit Bewegungen kombiniert werden, eine besondere Bedeutung zu. Säuglinge und Kleinkinder reagieren darauf mit großer Faszination – sie können eigentlich nie genug davon bekommen. Kose- und Neckspiele, Wiegenlieder und Spiellieder, Kniereiter und Tänze geben nicht nur multisensorische Anregungen, sondern fördern durch die emotionale Zuwendung und den direkten menschlichen Kontakt soziale Kompetenzen. Der Satzbau von Kinderreimen- und liedern sowie das Reimschema sind meist sehr einfach. Kinder lieben es, wenn ihnen im übertragenen Sinne sprachliche „Anker" zugeworfen werden, durch die sie sich Reime und Lieder sehr gut merken können. Der Sprach- oder Liedrhythmus gibt Halt und Struktur und rhythmische Klatschspiele- und Lieder sind nicht nur wichtig im Hinblick auf die Sprachförderung, sondern positive Auswirkungen lassen sich auch im Hinblick auf den Schreiblernprozess beobachten.

Kinder lernen vor allem in der frühen Kindheit über die Nachahmung (observatives Lernen). Aus diesem Grund kann sich ein Kind nur altersentsprechend entwickeln, wenn es durch die Interaktion mit Bezugspersonen Sprache, Bewegung, Musik und Klänge bewusst aufnehmen und mit seinen bisherigen Fähigkeiten verknüpfen kann. Dabei ist die Wiederholung für die Entwicklung der Kinder von großer Bedeutung, da sie im Schutz des schon Bekannten stressfreier lernen und neu erworbenes Wissen sich im Gehirn wesentlich besser festigen kann.

Sprache und Musik haben viele gleiche Bestandteile wie Rhythmus, Melodie, Tempo, Lautstärke und Artikulation. Frühe musikalische Förderung vernetzt das Gehirn vielfältiger und schafft eine besonders gute Grundlagen für weitere musikalische, kognitive, kreative, motorische und emotionale Aktivitäten zu einem späteren Zeitpunkt.

Spielen – Lernen – Erfahrungen sammeln

Kinder wollen Erfahrungen sammeln und gehen in kreativen Prozessen spielerisch, fantasievoll und unbefangen an alles heran, was ihr Interesse weckt. Durch selbstbestimmte Aktivitäten entdecken sie spielerisch ihre Umwelt und wollen ständig Neues im wahrsten Sinne des Wortes be-„greifen". In einer anregenden Umgebung, einem offenen und kindgerechten Umfeld, können sie ihre Kreativität ausleben. Durch den unbestimmten Spielverlauf lernt das Kind, flexibel auf unterschiedliche Situationen zu reagieren. Alle verfügbaren Fähigkeiten werden im Spiel aktiviert. Die dadurch gewonnenen geistigen und auch körperlichen Fertigkeiten prägen die weitere Entwicklung des Kindes.

Dabei sollten sich Eltern und Pädagogen immer vor Augen führen, dass Kinder im Alter bis zu sieben Jahren nur effektiv lernen können, wenn ihre Neugierde geweckt wird und sie Freude und Spaß an ihrem Tun empfinden. Sie kommen dann in ein Stadium der Selbsttätigkeit, in dem sie anknüpfend an vorhandene eigene Erfahrungen mit allen Sinnen und in Bewegung Wissen schöpfen. Sie erfahren in der Selbstbetätigung eine enorme Selbstbestätigung, was sich positiv auf die Persönlichkeitsentwicklung auswirkt. Im Hinblick auf die emotionale Entwicklung und die Entwicklung von kognitiven Fähigkeiten ist das Spielen prädestiniert, um die Intelligenz und die Persönlichkeit mit Lust, Spannung und Freude zu fördern. Im Hinblick auf die emotionale Entwicklung des Kindes, ist das Rollenspiel von besonderer Bedeutung.

Das Rollenspiel in der frühen Kindheit

Kinder lieben es, in Rollen zu schlüpfen. Bis zum Vorschulalter befinden sie sich in der sogenannten magischen Phase. Sie sind in der Lage, imaginäre Handlungen aufzubauen und lernen dabei neue, wenn auch fiktive Situationen emotional mit entsprechenden Handlungen zu verknüpfen und zu verarbeiten.

Im Grunde genommen sind Kinder von drei bis sechs Jahren kleine Tagträumer, die in jede Rolle schlüpfen und alles um sich beliebig verwandeln können. Spielzeug und Material werden kreativ zweckentfremdet und fantasievoll in das Spiel mit einbezogen. Mit Begeisterung ahmen Kinder charakteristische Tätigkeiten, Bewegungen, Handlungsformen, Dialoge, Tiere etc. nach. Das Rollenspiel hilft dadurch, viele Facetten der emotionalen und sozialen Fähigkeiten auszuleben und in sich zu entdecken. Die Fähigkeit, fiktive Situationen aktiv in der Realität umzusetzen, stärkt die Entwicklung des abstrakten Denkvermögens und des seriellen Denkens, also der kognitiven Fähigkeiten und Intelligenz. Können Kinder ihre Fantasie und Kreativität im Rollenspiel ausleben, ist dies die Grundlage für eine gesunde kognitive und emotionale Entwicklung in der Grundschulzeit.

Das folgende Beispiel zeigt deutlich, wie sich Kinder über das Rollenspiel ihre Umwelt erschließen: Den 5-jährigen Max beeindruckte der Besuch des Schornsteinfegers so sehr, dass er seit einigen Tagen im Schornsteinfeger-Faschingskostüm herumläuft. Aus Kartons und Besen schafft er sich die passende Spiel-, oder im Sinne des Kindes, Arbeitsumgebung, um alles nachzuspielen, was er erlebt hat. Durch Fragen an die Erwachsenen und durch aktives Tun integriert er alles in sein bisheriges Wissensnetz. Handlungssituationen stellen sozusagen Übungsfelder dar, in denen sich das Kind erproben kann: es ahmt nicht nur Rollen nach oder spielt Erlebtes nach, sondern das Rollenspiel setzt einen Prozess in Gang, der es dem Kind ermöglicht, sich selbst in diesen Rollenspielen kennenzulernen und in dem es Raum findet, seine eigenen Emotionen auszudrücken. Es kann sich ein Bild über sich selbst machen und lernt dabei seine Stärken und Schwächen kennen. Im geschützten Rahmen des Spieles können Kinder Verhaltensweisen erproben, die wir ihnen vorher nicht zugetraut hätten. Zum Beispiel springt ein schüchternes Kind über seinen Schatten und agiert als wilder Löwe. Und sogar der quecksilbrige Kaspar versucht sich mal als konzentrierter Seiltänzer. Im Rollenspiel innerhalb einer Kindergruppe lernen die Kinder zudem auch, die Rollen miteinander auszuhandeln und üben sich in ihrer sozialen Kompetenz.

Kompetenzförderung durch Musikprojekte

Musik wirkt in einer menschlichen Gemeinschaft wie emotionaler Kitt. Das gemeinsame Singen, sei es in der Kirche oder im Fußballstadion, und das gemeinsame Musizieren vermitteln dem Einzelnen das grundlegende Gefühl „Ich gehöre dazu!". Dieser Aspekt der emotionalen Geborgenheit und Zugehörigkeit wird in der Pädagogik durch das gemeinsame Singen und Musizieren ebenfalls in vielfältigen Bezügen (z. B. in der thematischen Arbeit, zur Unterstützung von Ritualen) eingesetzt. Beim gemeinsamen Singen und Musizieren werden die Kinder einfühlsamer, toleranter, erlebnisfähiger, kommunikativer und dadurch auch ausgeglichener.

Emotionen und Spiel

Kinder lernen zudem, Frustrationstoleranz zu entwickeln, wenn etwas nicht nach ihrem Willen geht, weil sie z. B. die gewünschte Rolle nicht bekommen oder sie in bestimmten Situationen geduldig sein sollen. Dafür müssen sie jedoch Freude am Gesamtprojekt empfinden und sich mit ihm auf einer gefühlsmäßigen Ebene verbunden haben. Die Singspiele und Musikprojekte in diesem Buch sind aus diesem Grund so angelegt, dass die Kinder genügend emotionale Projektionsfläche bekommen, um eine Beziehung zum Thema entwickeln zu können. Die Spielleitung sollte vermeiden, die Musikprojekte schematisch nach „Vorlage" durchzuführen, sondern den Kindern genügend Raum lassen, um ihnen eigene Erfahrungen und Anknüpfungspunkte zu ermöglichen. Grundvoraussetzung dafür ist eine Spielleitung, die selbst die Inhalte lebt, die sie vermittelt. Das heißt, das Thema eines Musikprojektes sollte auch in ihr eine emotionale Saite zum Schwingen bringen. Nur dann kann die Spielleitung, wie sie im nachfolgenden Praxisteil genannt wird, die Kinder begeistern und motivieren und offen für die Ideen der Kinder sein.

Das Darstellende Spiel fördert kleine Persönlichkeiten

Kinder bekommen in Musikprojekten die Chance, sich stärker auf Gruppenprozesse einzulassen, verschiedene Positionen in der Gruppe zu erproben und sich in anderen Rollen zu versuchen, da ganz bewusst den Kindern die Möglichkeit eingeräumt wird, während der Spielangebote die Rollen zu wechseln. Das Durchleben verschiedener emotionaler Aspekte, Charaktere und Bewegungsmöglichkeiten stärkt die Kinder in ihrer Persönlichkeit. Die Kinder werden dadurch emotional stabiler und ausgeglichener. Musikprojekte fördern durch unterschiedliche Interaktionsformen innerhalb der Gruppe auch die interpersonale Intelligenz oder soziale Kompetenz. Die Entwicklung der intrapersonalen Intelligenz, also die Fähigkeit, die eigenen Gefühle wahrzunehmen und zu kanalisieren, wird durch das Rollenspiel in besonderer Weise gestärkt und fördert die Persönlichkeit und das Selbstvertrauen. Die Kinder erhalten im Rollenspiel die Möglichkeit, sich selbst in unterschiedlichsten Bezügen zu erleben und sich darin, soweit es ihr Entwicklungsstand ermöglicht, zu reflektieren. Situativ können die Kinder alte Verhaltensmuster ablegen und neue annehmen. Gerade in der heutigen Zeit der medialen Überfrachtung, sind kreative Spielangebote, die die Möglichkeiten bieten, Erlebtes auszuagieren und seelisch zu verarbeiten, besonders wichtig. Zudem kommt trotz oder gerade wegen des medialen Überangebots bei vielen Kindern im Alltag Langeweile auf. Es ist wichtig, den Kindern wieder den Freiraum zu verschaffen, „zu sich selbst zu kommen". Nur so gelingt es ihnen, Kontakt zu sich selbst und ihren eigenen Bedürfnissen herzustellen, was für die Entwicklung von Selbstvertrauen von großer Bedeutung ist.

Warum eine Aufführung?

Eine besonders persönlichkeitsfördernde Komponente für die Kinder erhalten Musikprojekte, wenn sie in eine Aufführung münden. Wird auf eine Aufführung hingearbeitet, sollte jedoch das spielerische Agieren der Kinder im Vordergrund stehen und nicht die perfekte Ausstattung und Einstudierung als eine Art Leistungsshow der Einrichtung. Drill tötet die Begeisterung ab, das heißt jedoch nicht, dass die Spielleitung keinen disziplinierten Rahmen schaffen soll, falls dies notwendig ist. Oftmals lockern kleine Pannen die Vorstellung auf und die Begeisterung der Kinder und der Charme, der naturgemäß dabei von ihnen ausgeht, macht alle Unsicherheiten wett. Die meisten Kinder lieben es, sich zu zeigen oder finden immer mehr Gefallen daran. Aufführungen sind für alle eine Chance, sich mit ihren Fähigkeiten darzustellen und am Ende können Groß und Klein stolz auf sich sein.

HANDREICHUNGEN FÜR DIE PRAXIS

Das folgende Kapitel gibt einen kurzen Überblick zu praxisrelevanten Fragen und einen Einblick in die methodisch-didaktischen Bereiche der vorgestellten Spielangebote und Singspiele.

Die Form – Was ist ein Singspiel?

Das bekannteste Singspiel ist die „Zauberflöte" von Wolfgang Amadeus Mozart – ein kleines Schauspiel mit eingestreuten Gesängen und selbstständigen Instrumentalsätzen. Fachkräften im Bereich Frühpädagogik fallen zum Begriff Singspiel Lieder wie „Dornröschen war ein schönes Kind" ein, bei dem Kinder mit Gesten und Gesang die Handlung des Liedes nachspielen. Zwischen der Kunstform „Zauberflöte" und dem Kinderlied ist natürlich ein großer musikalischer und struktureller Unterschied deutlich zu erkennen.

Die Musikprojekte und Singspiele, die ich für dieses Buch entwickelt und geschrieben habe, sind in ihren Umsetzungsformen unterschiedlich: Vom einfachen Singspiel im Sinne eines Spielliedes („Die Sterntaler", „Maya Sonnenschein") bis zur Umsetzung in mehreren Szenen mit einfachen Instrumentalsätzen und Dialogen („Vincent van Hopp", „Dolfino, der Regentänzer", „Papagallino und Papagiselda") und Singspielen, die genau dazwischen liegen („Zirkus Bella Stella", „Arche Noah"), wird für die Praxis ein breites Spektrum angeboten.

Die Methode – ganzheitlich und prozessorientiert

Die hier vorgestellten Singspiele werden prozessorientiert umgesetzt, d. h. im Rahmen eines Musikprojekts (zur zeitlichen Ausgestaltung siehe S. 15) nähern sich die Kinder schrittweise dem Thema. Eine Vielzahl von Spielangeboten ermöglicht die ganzheitliche Auseinandersetzung mit dem Thema. Sie bieten den Kindern viel Raum zum Ausprobieren und Experimentieren – ihre Erfahrungen münden dann in einer musikalischen Aufführung als Singspiel. Inhaltlich sind die Spielangebote auf den Handlungsrahmen des Singspieles hin angelegt oder vermitteln weitere Erfahrungsebenen, die sich aus dem Sinnzusammenhang des Themas ergeben. Das können phänomenologische Vorgänge sein wie Tag und Nacht (Die Sterntaler) oder soziale Modalitäten wie allein – gemeinsam (Vincent van Hopp).

Zur didaktischen Umsetzung

Die Umsetzung des Singspieles geht Hand in Hand mit den ergänzenden thematischen Spielangeboten, sodass die Kinder auf ganzheitliche und spielerische Weise eine tiefere Erfahrung rund um das Thema machen und gleichzeitig so oft in die verschiedenen Rollen des Singspieles schlüpfen können, dass die Spielleitung mit einer gewissen Gelassenheit der Aufführung entgegensehen kann, da im Prinzip jedes Kind in jede Rolle schlüpfen kann.

Da die Spielangebote abwechslungsreich gestaltet sind – es also einen Wechsel von grobmotorischen und feinmotorischen Angeboten, von laut und leise, Einzel- und Gruppenaktionen gibt, um nur einige Beispiele zu nennen, bleibt die Aufmerksamkeit und die Neugier der Kinder und der daraus resultierende Spieltrieb wach. Dass sie während der Spielangebote sehr viel für ihre Motorik, Sprachentwicklung, Konzentrationsfähigkeit, Sinneswahrnehmung, Kreativität, Fantasie und soziale Kompetenz tun, sollte der Spielleitung bewusst sein, ist es den Kindern jedoch nicht.

Die thematischen Spielangebote sind von einer Einstimmungsphase und einem Ausklang eingerahmt, sodass die Kinder ein Gefühl für die Zeitphase und den inhaltlichen Bogen erhalten. Wiederholungen sind wichtig und erwünscht, jedoch ist darauf zu achten, dass längere Wiederholungsphasen, bei denen nur wenige Kinder aktiv agieren können, für die gesamte Gruppe umsetzbar bleiben sollen. Kindern wird es bei zu häufigen und zu langen Wiederholungen langweilig. In dieser Altersstufe ist das Wort Geduld nur ein abstrakter Begriff und, wenn nicht in einem ruhigen Charakter begründet, ohne konkrete Umsetzungsmöglichkeit.

Das letzte Spielangebot ist die Generalprobe. Es ist nun wichtig, die Rollen festzulegen, auch wenn sich in dieser Altersstufe noch sehr kurzfristig (unter Umständen während der Aufführung ...) der Rollenwunsch ändern kann. Kinder lernen dabei, sich auf etwas festzulegen und diese Rolle und Aktivität durchzuhalten. Selbst eine große Portion Disziplin und Geduld zaubern die Kinder während der Generalprobe aus Vorfreude und spätestens bei der Aufführung aus dem Hut.

Zur Gruppenstruktur

Die Singspiele in diesem Buch wurden in vielen Kindergruppen erprobt und stellen sozusagen eine Quintessenz und Zusammenfassung unterschiedlicher Prozessverläufe dar, denn jede Kindergruppe reagiert je nach Gruppenzusammensetzung, Altersstruktur, Tageszeit anders auf den methodisch-didaktischen Rahmen der Spielangebote. Die Musikprojekte sind so konzipiert, dass sie sich durch unterschiedliche Rollen gut mit einer altersgemischten Gruppe mit Kindern von dreieinhalb bis acht Jahren durchführen lassen. Da vor der Aufführung alle Kinder sich in den verschiedenen Rollen ausprobieren konnten, findet im Normalfall jedes Kind seine Lieblingsrolle (siehe dazu noch „Problemcheck" S. 17). Kinder mit kognitiven und körperlichen Behinderungen agieren mit besonders viel Freude mit Musik und Bewegung und stecken mit ihrer Natürlichkeit zurückhaltende Kinder an. Mit etwas pädagogischem Gespür finden diese Kinder eine Rolle, die ihren Fähigkeiten entspricht.

Der zeitliche Rahmen

Ein Musikprojekt beinhaltet das spielerische Eintauchen in ein Thema mit Hilfe der dafür entwickelten Spielangebote, die dann in eine Aufführung münden. Dieser spielerische Lernprozess kann als kompaktes Projekt innerhalb einer Projektwoche mit den Kindern entwickelt und erspielt werden und endet dann in der Präsentation des Singspiels. Eine wöchentliche Projektarbeit, die erst nach einigen Wochen in die Aufführung des Singspieles mündet, ist genauso gut umsetzbar. Die Entscheidung, in welchem zeitlichen Rahmen ein Musikprojekt in einer Einrichtung umgesetzt wird, liegt an den eigenen Möglichkeiten der Spielleitung, des Teams, der Einrichtung und dem thematischen Bezug des Musikprojektes.

Räumliche Rahmenbedingungen

Optimal ist für die Durchführung eines Projekts ein Gymnastik- oder Turnraum. Steht in einer Einrichtung kein Gymnastik- oder Turnraum zur Verfügung, können die Spielangebote, die Proben und die Aufführung in umgeräumten Gruppenräumen oder im Foyer stattfinden. Bei Proben in Durchgangsräumen, wie im Foyer, ist eine Absprache mit dem gesamten Team notwendig. Für ein ungestörtes Arbeiten sollte dieser Raum für eine bestimmte Zeitspanne von anderen Kindern möglichst wenig frequentiert werden, indem ihnen zum Beispiel Aktivitäten im Freien angeboten werden.

Musikinstrumente

Die im Buch angesprochenen Instrumente wie Holzblocktrommel, Klanghölzchen, Schellenkranz, Becken, Zimbeln, Trommeln, Triangel, Rasseln sind Instrumente, die in der Regel in einer Einrichtung vorhanden sind. Falls nicht, lassen sich Rasseln leicht selbst herstellen und Trommeln, z. B. aus Blumentöpfen, ebenfalls. Im Folgenden möchte ich daher kurz die Instrumente beschreiben, die weniger bekannt sind.

Die *Lotusflöte* ist eine Flöte, mit der durch das Herausziehen und Hineindrücken eines Stabes in den Luftkanal ein gleitender Ton entsteht, abhängig von der Geschwindigkeit und der Richtung des Stabes (Tipp: Plastiklotusflöten sind günstig im Faschingsbedarf zu finden). Die *Spring-Drum* klingt durch die Übertragung von Schwingungen einer Metallspirale auf ein Trommelfell unheimlich, gewittrig, gespenstisch. Es ist ein einfach zu spielendes Instrument, das sich bei Kindern großer Beliebtheit erfreut. *Chimes* sind aneinandergereihte Metallröhren, die beim Spielen durch ihre gegenseitige Berührung einen schönen, silbrigen Klang erzeugen. *Rain-maker* gehören – gekauft oder selbstgemacht – eigentlich auch schon zur Standardausstattung. Die *Ocean-Drum* oder Meerestrommel muss nicht gekauft werden, sondern kann durch das Bewegen zahlreicher Kügelchen, Getreide, Murmeln etc. in einem Topf oder einer umgekehrt gehaltenen Handtrommel leicht selbst hergestellt werden. Die im Buch erwähnten Instrumente *Sen-plates* und *Six-flat* bestechen durch ihren wunderschönen Klang und ihre leichte praktische Handhabung. Sen-plates haben einen Griff und sind unzerstörbar. Die Kinder können sie auch während der Bewegung im Raum tragen und gleichzeitig auf ihnen mit einem Schlegel spielen. Sie sind eine gute Alternative zu Metallophon- oder Xylophonklangbausteinen. Ein Six-flat ist dagegen eine gute Alternative zum Glockenspiel. Es ist eine Metallplatte in der sechs Töne (fünf Einzeltöne und der tiefste Ton ist oktaviert) in der pentatonischen Stimmung eingelassen sind. Die Platten sind von den Kindern gut zu treffen und können auch von zwei Kindern gleichzeitig gespielt werden (www.senplates.de).

Material

Die Materialien und Verkleidungen zu den einzelnen Musikprojekten und ihren Aufführungen können individuell zusammengestellt werden. Meine Ideen sollen lediglich als Anregung dienen, die dann die Spielleitung im Rahmen der Möglichkeiten der Einrichtung gemeinsam mit Eltern und dem Team gestalten kann. Manchmal steht ein Koffer voll interessanter Faschingskostüme in der Ecke – ein wunderbarer Fundus für ein Musikprojekt! Ob die Kinder zu einer Aufführung entsprechend geschminkt werden und ein aufwändiger Bühnenaufbau gestaltet wird, ist ebenfalls abhängig von den zeitlichen und personellen Ressourcen.

Die fachlichen Voraussetzungen

Es gilt der pädagogische Grundsatz, gut vorbereitet in das Spielangebot zu gehen und trotzdem so offen auf die Ideen und Befindlichkeiten der Kinder zu reagieren, dass kreative, ganzheitliche und prozessorientierte Interaktionen entstehen können. Für die Spielleitung bedeutet dies, sich in ihrem eigenen Potential einschätzen zu können und zu reflektieren, wie weit sich die eigenen Ressourcen und die der Einrichtung ergänzen. Denn im Vordergrund eines Musikprojektes steht das freudvolle Agieren aller Beteiligten. Dabei sollten die Aktionen möglichst nur positiven Stress erzeugen.

Selbst wenn die Spielleitung kein Instrument beherrscht, ist dies kein Beinbruch. Einige Singspiele können mit einfachen Orff-Instrumenten begleitet werden.

Einfache Singspiele, die auf dem Spiel eines Liedes basieren, lassen sich ohne Probleme allein oder mit dem jeweiligen Gruppenteam durchführen. Bei größeren Aufführungen hat Teamarbeit den Vorteil, dass sich die Arbeit verteilt und ein reger Ideenaustausch viel Spaß macht. Teamarbeit kann bei der musikalischen Gestaltung besonders vorteilhaft eingesetzt werden, wenn ein Teammitglied die musikalische Umsetzung, z. B. auf Gitarre oder Keyboard, übernimmt.

„Problemcheck"

Im Folgenden finden Spielleitung oder das Projektteam Antworten auf Fragen, die während eines Projektes auftauchen können oder grundlegender Natur sind.

Was tun, wenn

• *die Kinder sich auf keine Rolle festlegen können?*

Erfahrungsgemäß ändern sich Rollenfestlegungen bei Kindern in diesem Alter sehr spontan und aus diesem Grund sollte die Spielleitung wie erwähnt aus pädagogischen Gründen bis zur Generalprobe in dieser Hinsicht flexibel bleiben. Falls ein Kind während der Generalprobe oder der Aufführung in eine andere Rolle schlüpfen will („Ich will jetzt kein Zirkusdirektor mehr sein!"), dann findet sich meiner Erfahrung nach immer ein Kind, das in die freie Rolle schlüpft.

• *kein Kind die Hauptrolle spielen will?*

Es gibt Gruppenkonstellationen, in der auch diese Variante erlebt werden kann. In diesem Falle hilft nur ein Gruppengespräch, in dem die Spielleitung den Kindern ruhig und sachlich klarmacht, dass das ganze Projekt und die Aufführung ohne Hauptrolle nicht durchgeführt werden kann. In der Regel meldet sich dann ein älteres Kind in der Gruppe freiwillig.

• *alle Kinder nur Instrumente spielen wollen?*

Diese Situation tritt vor allem während der Phase der Spielangebote auf. Haben sich durch das Spielen auf Instrumenten alle Kinder ausagiert, führt dies zu einer Glättung bestimmter Vorlieben.

• *die Lieder anscheinend zu hoch sind?*

Es ist wichtig, mit Kindern mit der Kopfstimme zu singen, da sie bei stimmlich zu tief singenden Erwachsenen anfangen zu brüllen, weil sie ihre kindgemäße Stimmlage nicht als stimmliches Vorbild hören. Das Gegenargument: „Ich kann aber nicht so hoch singen!" ist nicht stichhaltig, da die Spielleitungen, die in der Regel Frauen sind, in der Lage sind, ohne Probleme mit ihrer Kopfstimme bis zum zweigestrichenen C zu singen.

Pädagogische Grundhaltungen

Folgende pädagogische Grundhaltungen sind in den Aufbau der Spielangebote integriert und sollten von der Spielleitung bei der Durchführung mit Leben erfüllt werden:

• Die Spielleitung orientiert sich an den Fähigkeiten der einzelnen Kinder, den Interessen, Bedürfnissen und individuellen Erfahrungen.

• Lernen geschieht über das Spielen.

• Materialien, wie Instrumente und Verkleidung, regen die Fantasie und die Kreativität der Kinder an und durch Selbstbetätigung erfahren sie Selbstbestätigung.

• Das prozessorientierte Handeln der Spielleitung nimmt die Ideen der Kinder auf. Die Spielleitung kanalisiert und unterstützt den spielerischen Lernprozess.

Wie Sie mit diesem Buch arbeiten können

Zu Beginn jedes Praxiskapitels bieten ein bis zwei Übersichtsseiten kurze und prägnante Informationen zum Thema, zum Ablauf des gesamten Musikprojektes, zu den benötigten Materialien, zu Gruppenzusammensetzung, Verkleidung und Möglichkeiten der musikalischen Begleitung.

Danach folgen die Spielangebote zum Musikprojekt. Innerhalb der Spielangebote werden ganzheitliche Spielformen methodisch-didaktisch aufgeführt, die auf der ganzheitlichen Didaktik der Rhythmisch-musikalischen Erziehung (Rhythmik) basieren. Musik-, Sprache-, Bewegung und der Einsatz von Medien, wie Materialien und Instrumente, werden in ganzheitlichen und abwechslungsreichen Spielangeboten mit den Kindern umgesetzt.

Folgende didaktische Methoden der Rhythmik werden in den Spielangeboten eingesetzt:

• Lieder und Reime in Grob- und Feinmotorik, alleine, zu zweit und in der Gruppe, als Tanzform

• Darstellendes Spiel in Liedern und Reimen

• Fortbewegungsarten *

• Sprachspiele

• Sensomotorische Wahrnehmungsspiele

• Instrumentalspiel auf einfachen Instrumenten

• Experimentierphasen mit Materialien und Instrumenten

• Bewegungsspiele

• Übergänge als Wahrnehmungsaufgaben

• Entspannungs- und Ruhephasen

• Kreatives Gestalten mit Materialien

• Improvisation mit Instrumenten, Tanz- und Bewegungsformen.

* Fortbewegungsarten

Die Fortbewegungsarten Schreiten, Gehen, Laufen, Hüpfen, Galoppieren sind ein im Verhältnis zu anderen Spielformen besonders häufiger Bestandteil der Spielangebote. Fortbewegungsarten werden oftmals als methodisch-didaktisches „Füllmaterial" eingesetzt, da sie anspruchsvolle Spielformen, bei denen sich Kinder sehr konzentrieren, kurzweilig gliedern und sich die Kinder in thematischen Rollen bewegen können (z. B. der Hase hoppelt hungrig durch die Wiese, traurig, müde ...).

Der Rhythmus der jeweiligen Fortbewegungsart wird von der Spielleitung über Reime und über selbst gespielte Musik oder über Musik von Tonträger vermittelt. Beim Einsatz von Tonträgern ist darauf zu achten, dass die Musik kindgerecht und für den Einsatz zur Bewegung von Fortbewegungsarten überhaupt geeignet ist.

Für das Selbstgestalten von Fortbewegungsarten auf Instrumenten stehen das Tempo und der Rhythmus im Mittelpunkt der Umsetzung. Erwachsene haben ein wesentlich langsameres Bewegungstempo, was sich allein aus der unterschiedlichen Größe erklären lässt. Deshalb ist es wichtig, im doppelten Bewegungstempo eines Erwachsenen zu spielen, damit die Kinder überhaupt die Möglichkeit haben, sie sensumotorisch richtig (also jeder Ton ein Schritt) umsetzen zu können. Das Schreiten ist besonders schwer. Hier hilft nur die innere Vorstellung einer Rolle, wie das Schleichen von Detektiven, Indianern oder das Fortbewegen eines großen Tieres. Um den Kindern eine möglichst gut in Bewegung umzusetzende Musik anbieten zu können, ist ein durchlaufender Rhythmus der jeweiligen Bewegungsart als Basis für eine gelungene sensumotorische Umsetzung von Hören und Bewegung sehr wichtig. Das bedeutet, bei der Musik möglichst auf Verzierungen und Pausen zu verzichten.

1.

Zirkus ist ein sehr beliebtes Thema bei Kindern. Sie können in viele verschiedene Rollen schlüpfen und neue Handlungsweisen ausprobieren und erleben. Daher steht bei der Aufführung von „Zirkus Bella Stella" nicht die Perfektion der Musik oder die exakte Ausführung der Bewegungen im Vordergrund, sondern hier wird ein Raum geschaffen für den spielerischen und darstellerischen Ausdruck der Kinder und ihre Begeisterung für das Thema. „Zirkus Bella Stella" ist ein kreatives und offenes Angebot, in dem das spielerische Agieren im Vordergrund steht.

Das Musikprojekt auf einen Blick

Die beiden Lieder, die in diesem Musikprojekt eingesetzt werden, sind einfach und wiederholen sich im gleichbleibenden Ablauf der Aufführungsstruktur. Eines der Lieder, „Im Kinderzirkus Bella Stella!", basiert auf der Melodie: „Meine Oma fährt im Hühnerstall Motorrad" und ist auch für musikalisch nicht so versierte Pädagogen leicht zu bewältigen.

Während der Aufführung begrüßt und verabschiedet der Zirkusdirektor/die Zirkusdirektorin die Zuschauer und führt von einer Zirkusnummer zur nächsten.

Auch das Publikum wird bei der Aufführung durch Singen und Klatschen mit einbezogen und spielt eine wichtige Rolle.

In drei offenen Spielangeboten werden der Ablauf und die Lieder mit den Kindern auf kreative und ganzheitliche Weise erarbeitet.

Singspiel: „Zirkus Bella Stella" mit sieben Zirkusnummern

1. Einleitung
2. Hauptteil mit sieben Zirkusnummern:
Pferde, Ballerinas/Seiltänzer, Löwen und Tiger, Schlangenmenschen, Elefanten, Clowns, Artisten
3. Schlussteil

Dauer: ca. 15-20 Minuten
Anzahl der Kinder: 12 bis 25 Kinder
Alter der Kinder: 3 1/2 bis 8 Jahre

Rollen: Zirkusdirektor/in, Pferde, Ballerinas (Mädchen)/Seiltänzer (Jungen), Löwen und Tiger, Schlangenmenschen, Elefanten, Clowns, Artisten, Dompteure bei den Pferden, Löwen, Tiger und Elefanten, Instrumentalisten.

Material und Verkleidung:
• Zirkusdirektor/in wird mit Hut und Umhang verkleidet
• eine Sonnenblume (aus Papier oder Plastik gebastelt) namens „Bella Stella" für den Zirkusdirektor und für die Clownnummer
• Seile, Bänke oder Teppichfliesen zum Abgrenzen der Zirkusmanege
• Bunte „Peitschen" für die Dompteure (z. B. an einem kurzen Holzstab mehrere bunte Bänder, z. B. aus Krepppapier, befestigen)

- Seile (für Ballerinas/Seiltänzer)
- Sandsäckchen o. Ä. zum Balancieren
- Reifen (gerne auch „brennend", dazu die Reifen mit rot/gelb/orangenen Krepppapierbändern verkleiden)
- falls zur Hand eine Stoffschlange
- zwei rote Clownsnasen oder rote Schminke
- zusammengebundene Nylontücher oder Stoffstreifen für die Clowns

Die Kinder können nach Belieben und Möglichkeit passend zu ihren Rollen geschminkt und verkleidet werden. Der Fantasie sind keine Grenzen gesetzt.

Musikalische Begleitung: Die Spielleitung oder das Spielleitungsteam kann die Lieder mit Gitarre, Keyboard oder Melodieinstrumenten harmonisch begleiten.

Vorschläge zur instrumentalen Begleitung durch Zirkusmusikanten:
- **Während der Einleitung und zum Schluss:** Die Musikanten der Zirkuskapelle marschieren mit Trommeln, Becken und Trompeten (eingerolltes und fixiertes Heulrohr) hinter dem Zirkusdirektor/in im Kreis in der Manege.
- **Zum Lied „Hereinspaziert":** Becken und Trommeln mit Schlägel werden im Liedrhythmus geschlagen.
- **Löwen/Tiger:** Eine Trommel mit Schlägel begleitet mit einem schneller werdenden Tremolo und abschließendem kräftigen Schlag das Springen der Löwen/Tiger durch den Reifen; die Spring-Drum erzeugt durch ihren geheimnisvollen Klang Atmosphäre und Spannung.
- **Schlangenmenschen:** Eine Lotusflöte begleitet die schlangenhaften Bewegungen der akrobatischen Schlangenmenschen.
- **Pferde:** Holzblocktrommel, Klanghölzchen, Schellenkranz im Sprechrhythmus des jeweiligen Reimes spielen.
- **Elefanten:** Zwei bis drei größere Trommeln und ein Becken unterstützen das Schreiten der Elefanten.
- **Clowns:** Eine Lotusflöte oder ein Flex-A-Tone erzeugen eine akustisch lustige Atmosphäre; hier ist darauf zu achten, dass die Instrumentalisten nicht zu laut und ständig spielen (Spieleinsätze geben).
- **Ballerinas:** Mit Chimes, Six-flat, Triangel, Zimbeln eine zarte Klangimprovisation spielen.
- **Artisten:** Bei „gewagten" Sprüngen und anderen Kunststücken ertönt ein Schlag auf dem Becken. Zur Unterstützung der Spannung kann das Becken mit dem Schlägelstab bei entsprechenden Situationen immer schneller werdend gespielt werden.

Spielangebote zum Musikprojekt

1. und 2. Spielangebot

In den ersten beiden Spielangeboten wird der Ablauf der Zirkusaufführung sehr offen durchgeführt. Das bedeutet, dass die Kinder innerhalb des Gesamtablaufes jeweils unterschiedliche Rollen übernehmen und ausprobieren können. Die Spielleitung motiviert, sich Eigenes auszudenken, dabei sollten die Ideen der Kinder aufgenommen und durch die Vorschläge im Buch ergänzt werden. Auch die Rollenverteilung sollte in dieser Anfangsphase spielerische Züge haben. So kann die Rolle des Zirkusdirektors/der Zirkusdirektorin nach jeder Zirkusnummer wechseln oder die Zirkusmusikanten spielen in der nächsten Zirkusnummer die Elefanten.

3. Spielangebot

Wenn die Kinder mit dem Thema vertraut sind und sich spielerisch in verschiedenen Rollen ausprobiert haben, werden nun gemeinsam die Rollen im Hinblick auf die Aufführung festgelegt.

Singspiel: „Zirkus Bella Stella"

Um eine „zirkushafte" Stimmung zu erhalten, animiert die Spielleitung mit dem Zirkusdirektor/in das Publikum nach tollen Kunststücken innerhalb einer Zirkusnummer und auf jeden Fall nach jeder Nummer zu applaudieren.

Bühnenbild: Gerade für eine Zirkusvorstellung ist es besonders schön, wenn eine Manegenumrandung mit Kisten oder Ähnlichem aufgebaut werden kann. Bei Platzmangel können die Kinder aus dem Publikum darauf sitzen.
Es ist günstig, wenn die Kinder, die im Moment keine Zirkusnummer aufführen, an einer bestimmten Stelle sitzen (z. B. an einem der Ränder der Manege auf vorbereiteten Sitzmatten). Da die Instrumentalisten flexibel zu jeder Nummer eingesetzt und getauscht werden, ist ihr Platz ebenfalls an dieser Stelle.

1. Einleitung mit dem Lied: „Hereinspaziert!"

Lied: „Hereinspaziert!"

Refr.: He - rein spa-ziert, he - rein-spa - ziert und seht was heu - te

hier pas-siert! He - rein-spa-ziert, he - rein-spa-ziert und

seht was heu - te hier pas - siert.

E - le-fan-ten, Ti - ger, Lö - wen al - les was wir

Kin - der mö - gen. Clowns, Ar - tis - ten, Bal - le - ri - nas,

heu - te gibt's für je - den was.

Refrain: II: Hereinspaziert - hereinspaziert!
Und seht was heute hier passiert! :II
Strophe: Elefanten, Tiger, Löwen –
alles, was wir Kinder mögen.
Clowns, Artisten, Ballerinas –
heute gibt's für jeden was!
Refrain: II: Hereinspaziert …

25

1. ZIRKUS BELLA STELLA

Das Lied: „Hereinspaziert!" wird gesungen und die Zirkuskapelle marschiert hinter dem Zirkusdirektor in die Manege. Dort marschieren alle einmal im Kreis herum. Der Zirkusdirektor hat die Blume Bella Stella in der Hand und schwingt diese im Grundschlag des Liedes. Wenn das Lied zu Ende ist, geht die Zirkuskapelle ab.

Auftritt Zirkusdirektor/in: *Er/sie stellt sich in die Mitte der Manege und ruft:*
„Sehr verehrtes Publikum!" und verbeugt sich.
Das folgende Lied wird gemeinsam gesungen und im Takt mitgeklatscht.

Lied: „Im Kinderzirkus Bella Stella"
(Melodie: „Meine Oma fährt im Hühnerstall Motorrad")

Viel Spaß im Kin-der-zir-kus Bel-la-stel - la, Bel-la-
stel - la, Bel-la-stel - la! Viel Spaß im Kin-der-zir-kus Bel-la -
stel - la und als nächs-tes sind die Ti-ger und Lö-wen dran!

„Viel Spaß im Kinderzirkus Bella Stella,
Bella Stella, Bella Stella!
Viel Spaß im Kinderzirkus Bella Stella
und als nächstes sind die Tiger und Löwen dran!"

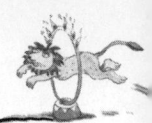

2. Hauptteil: Die Vorstellung der Zirkusnummern 1 bis 7

Zirkusnummer 1: Tiger und Löwen

Der Dompteur geht mit den Löwen und Tigern in die Manege. Er hat die „Peitsche" in der Hand. Der Zirkusdirektor/in geht ab. Die Instrumentalisten mit Spring-Drum, Trommel und Schlägel sind bereit und begleiten die Sprünge der Tiger und Löwen durch den Feuerreifen. Der Zirkusdirektor bändigt mit der Peitsche spielerisch die fauchenden Tiger und Löwen.
Das folgende Lied wird gemeinsam gesungen und im Takt mitgeklatscht.

Lied: „Herausspaziert!"

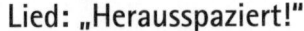

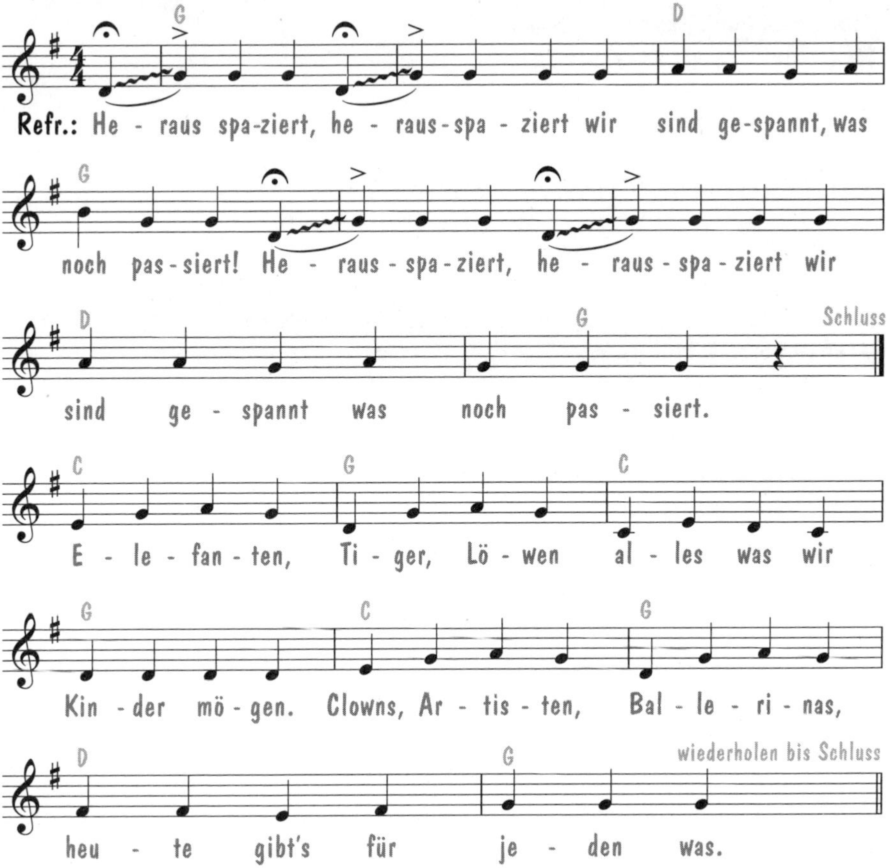

G D
Refr.: He - raus spa-ziert, he - raus-spa - ziert wir sind ge-spannt, was
G
noch pas-siert! He - raus - spa - ziert, he - raus - spa - ziert wir
D G Schluss
sind ge - spannt was noch pas - siert.
C G C
E - le - fan - ten, Ti - ger, Lö - wen al - les was wir
G C G
Kin - der mö - gen. Clowns, Ar - tis - ten, Bal - le - ri - nas,
D G wiederholen bis Schluss
heu - te gibt's für je - den was.

Refrain: II: Herausspaziert, herausspaziert,
wir sind gespannt, was noch passiert! :II
Strophe: Elefanten, Tiger, Löwen –
Alles, was wir Kinder mögen.
Clowns, Artisten, Ballerinas –
heute gibt's für jeden was!
Refrain: II: Herausspaziert ...

Die Tiger und Löwen gehen ab.

Auftritt Zirkusdirektor/in: *Er/sie stellt sich in die Mitte der Manege und ruft:*
„Sehr verehrtes Publikum!" *und verbeugt sich.*
Lied: „Im Kinderzirkus Bella Stella"
Das Lied wird mit verändertem Liedtext (letzte zwei Takte) gemeinsam gesungen und im Takt mitgeklatscht.

„Viel Spaß im Kinderzirkus ...
und als nächstes sind die Schlangenmenschen dran!"

Zirkusnummer 2: Die Schlangenmenschen
Einige Kinder bewegen sich mit schlangenhaften Bewegungen der Extremitäten und des Rumpfes oder schlängelnd auf dem Boden der Manege. Falls Stoffschlangen zur Hand sind, können sich die Darsteller in der Manege als „Schlangenbändiger" betätigen. Der Instrumentalist mit der Lotusflöte begleitet ausdrucksvoll die Schlangenbewegungen.

Lied: „Herausspaziert!"
Das Verabschiedungslied wird gemeinsam gesungen und im Takt mitgeklatscht. Die Schlangenmenschen gehen ab.

„Herausspaziert, herausspaziert ...
heut gibt's für jeden was."

Auftritt Zirkusdirektor/in: *Er/sie stellt sich in die Mitte der Manege und ruft:*
„Sehr verehrtes Publikum!" *und verbeugt sich.*
Lied: „Im Kinderzirkus Bella Stella"
Das Lied wird mit verändertem Liedtext (letzte zwei Takte) gemeinsam gesungen und im Takt mitgeklatscht.

„Viel Spaß im Kinderzirkus ...
und als nächstes sind die flinken Pferde dran!"

Zirkusnummer 3: Pferde

Der Dompteur geht mit den Pferden in die Manege. Er hat eine „Bänderpeitsche" in der Hand. Der Zirkusdirektor/in geht ab. Die Instrumentalisten mit Holzblocktrommel, Schellenkranz oder Klanghölzchen sind bereit. Die Spielleitung und die Kinder sprechen die folgenden Reime zur Bewegung der Pferde. Die Instrumentalisten sprechen ebenfalls die Reime und begleiten im Sprechrhythmus dazu.

„Schritt, Schritt, Schritt
und Schritt, Schritt, Schritt,
das Pferdchen geht im Schritt, Schritt, Schritt.
Es tobt und springt den ganzen Tag,
und wenn es nicht mehr laufen mag,
dann geht es mit im Schritt."

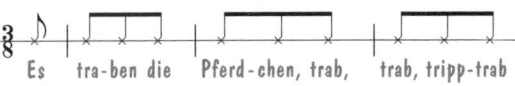

„Es traben die Pferdchen,
trab, trab, tripp-trab, trab.
Sie traben zum Zirkus
was machen sie da!
Sie spielen und traben
mit der Kinderschar."

„Galopp, galopp, hopp – hopp!
Galopp, galopp, hopp – hopp!
Das Pferdchen läuft so schnell es kann,
damit es niemand fangen kann.
Galopp, galopp, hopp – hopp!
Galopp, galopp und stopp!"

Lied: „Herausspaziert!"

Das Verabschiedungslied wird gemeinsam gesungen und im Takt mitgeklatscht. Der Dompteur und die Pferde gehen ab.

„Herausspaziert, herausspaziert ...
heut gibt's für jeden was."

29

Auftritt Zirkusdirektor/in: *Er/sie stellt sich in die Mitte der Manege und ruft:*
„Sehr verehrtes Publikum!" *und verbeugt sich.*
Lied: „Im Kinderzirkus Bella Stella"
Das Lied wird mit verändertem Liedtext (letzte zwei Takte) gemeinsam gesungen und im Takt mitgeklatscht.

„Viel Spaß im Kinderzirkus ...
und als nächstes sind die frechen Clowns dran!"

Zirkusnummer 4: Clowns

Beide Clowns haben eine Clownsnase auf. Bei einem Clown wird ein Stoffband oder ca. vier bis fünf an den Enden zusammengeknotete Tücher um den Bauch gewickelt. Dabei ist zu beachten, dass der Anfang des Bandes an einer Hosenlasche verknotet wird und das andere Ende etwas heraushängt, damit es der zweite Clown gut erwischt und daran ziehen kann.
Die beiden Clowns betreten die Manege. Die Blume Bella Stella liegt in der Manege zum „Pflücken" bereit. Die Instrumentalisten (Flex-A-Tone, Lotusflöte) spielen nach Aufforderung der Spielleitung.
Die Spielleitung führt durch die pantomimische Handlung der beiden Clowns:

„Ein kleiner Clown mit dem Namen Lena (Name des jeweiligen Kindes) geht spazieren.	*Das Kind Lena hüpft oder geht fröhlich in der Manege umher.*
Ein anderer Clown folgt ihr heimlich, denn er will ihr einen Streich spielen.	*Der zweite Clown schleicht ihr hinterher.*
Da entdeckt Lena eine wunderschöne Blume Sie freut sich, schnuppert an ihr und hüpft mit ihr über die Wiese.	*Lena entdeckt die Blume Bella Stella, weiter wie beschrieben.*
Nun wird sie müde und legt sich hin.	
Der andere Clown will ihr die Blume stibitzen. Davon wacht Lena auf und will vor Schreck weglaufen.	*Der zweite Clown schleicht sich an und zieht an der Blume. Lena wacht abrupt auf und vor Schreck läuft sie weg.*
Plötzlich entdeckt der andere Clown einen Zipfel, der aus Lenas Kleidern heraushängt, und zieht daran.	*Der Clown hält den Zipfel fest und zieht daran, während Lena versucht, wegzulaufen.*
Nun wickelt sich die Kleidung von Lena auf. Diese ruft ganz entsetzt: „Hilfe, meine Hose wickelt sich auf!	*Dabei dreht sie sich und wickelt dadurch das Band auf. Sie ruft den letzten Satz.*

Lied: „Herausspaziert!"
Das Verabschiedungslied wird gemeinsam gesungen und im Takt mitgeklatscht. Die Clowns gehen ab.

„Herausspaziert, herausspaziert ...
heut gibt's für jeden was."

Auftritt Zirkusdirektor/in: *Er/sie stellt sich in die Mitte der Manege und ruft:*
„Sehr verehrtes Publikum!" *und verbeugt sich.*
Lied: „Im Kinderzirkus Bella Stella"
Das Lied wird mit verändertem Liedtext (letzte zwei Takte) gemeinsam gesungen und im Takt mitgeklatscht.

„Viel Spaß im Kinderzirkus ...
und als nächstes sind die Elefanten dran!"

Zirkusnummer 5: Die Elefanten
Die Elefanten gehen schwerfällig durch die Manege und schwenken dabei gemächlich ihre Rüssel. Die Instrumentalisten begleiten mit Trommeln und Becken in einem langsamen Grundschlag. Der Elefantendompteur ruft den Elefanten folgende Anweisungen in kurzen Abständen zu, die diese dann als Kunststücke ausführen:
- „Elefanten bleiben stehen, wollen sich im Kreise drehen!"
- „Elefanten, schaut mal her, schwenken ihre Rüssel sehr!"
- „Auf einem Bein hüpfen sie rum und fallen dabei gar nicht um!"
- „Wackeln mit dem dicken Po. Ja, das macht sie alle froh!"
- „Auf einem Arm und einem Bein, stehn sie so starr, fast wie ein Stein."

Lied: „Herausspaziert!"
Das Verabschiedungslied wird gemeinsam gesungen und im Takt mitgeklatscht. Die Elefanten gehen ab.

„Herausspaziert, herausspaziert ...
heut gibt's für jeden was."

Auftritt Zirkusdirektor/in: *Er/sie stellt sich in die Mitte der Manege und ruft:*
„Sehr verehrtes Publikum!" *und verbeugt sich.*
Lied: „Im Kinderzirkus Bella Stella"
Das Lied wird mit verändertem Liedtext (letzte zwei Takte) gemeinsam gesungen und im Takt mitgeklatscht.

„Viel Spaß im Kinderzirkus ...
und als nächstes sind die Ballerinas dran!"

Zirkusnummer 6: Ballerinas

Es wird ein Seil quer durch die Manege ausgebreitet und die Ballerinas stellen sich an einem Ende gemeinsam auf. Die Instrumentalisten mit Chimes, Zimbeln und Triangel sind bereit und beginnen zu spielen.
Die Spielleitung legt auf den Kopf (und/oder Schulter, Unterarm) jeder Ballerina ein Sandsäckchen (als schöne Alternative farbige, mit Sand gefüllte Echsen/Geckos aus Stoff). Dann balancieren die Ballerinas (und Seiltänzer) auf dem Seil durch die Manege. Verbeugungen nach jedem Balancieren animieren die Zuschauer zu Zwischenapplaus.

Lied: „Herausspaziert!"
Das Verabschiedungslied wird gemeinsam gesungen und im Takt mitgeklatscht. Die Ballerinas und Seiltänzer gehen ab.

„Herausspaziert, herausspaziert ...
heut gibt's für jeden was."

Auftritt Zirkusdirektor/in: *Er/sie stellt sich in die Mitte der Manege und ruft:*
„Sehr verehrtes Publikum!" *und verbeugt sich.*
Lied: „Im Kinderzirkus Bella Stella"
Das Lied wird mit verändertem Liedtext (letzte zwei Takte) gemeinsam gesungen und im Takt mitgeklatscht.

„Viel Spaß im Kinderzirkus ...
und als nächstes sind die tollen Artisten dran!"

Zirkusnummer 7: Artisten

Die Artisten betreten die Manege. Die Lieblingskunststücke der Kinder werden nun vor-
geführt. Diese können je nach Kindergruppe ganz anders aussehen. Sie werden von Instrumentalisten, wie mit den Kindern in den Spielangeboten erarbeitet, auf ent-sprechende Weise begleitet. Direkt im Anschluss an diese Zirkusnummer kommen alle Artisten und Tiere in die Manege.

3. Schlussteil

Abschiedslied 1 zur Melodie des Liedes: „Hereinspaziert!":
Die Artisten und Tiere marschieren klatschend durch die Manege und das Publikum
klatscht und singt mit.

Refrain: II: Herausspaziert – herausspaziert!
Ihr habt gesehn, was hier passiert. :II
Elefanten, Tiger, Löwen –
Alles, was wir Kinder mögen.
Clowns, Artisten, Ballerinas –
es gab für jeden was!
Refrain: II: Herausspaziert – herausspaziert!
Ihr habt gesehn, was hier passiert. :II

Abschiedslied 2 zur Melodie des Liedes: „Im Kinderzirkus Bella Stella"
(Melodie: „Meine Oma fährt im Hühnerstall Motorrad")
Alle Mitwirkenden stehen in der Manege. Sie singen, winken und klatschen.

„Auf Wiedersehn im Zirkus Bella Stella,
Bella Stella, Bella Stella.
Auf Wiedersehn im Zirkus Bella Stella –
und wir hoffen, es hat euch viel Spaß gemacht!"

Im Zentrum dieses Musikprojektes steht die Geschichte vom Osterhasen Vincent van Hopp. Vincent ist ein begabter Ostereier-Maler, der auf eine ganz besondere Weise malt. In den Augen der anderen Osterhasen sehen seine Werke jedoch komisch und seltsam aus. Sie machen sich über ihn lustig. Vincent fühlt sich unverstanden und flüchtet zu seiner Freundin, der Fledermaus Esmeralda ...

Neben dem Bemalen von Ostereiern, das als Handlungselement in dieses Spielprojekt eingebunden ist, gibt das Thema der Geschichte, die Fähigkeit, Toleranz zu entwickeln, vielfältige Impulse für Gespräche.

Es ist unschwer zu erraten, dass der Osterhase Vincent van Hopp sein Alter Ego im Maler Vincent von Gogh findet.

Das Musikprojekt auf einen Blick

Die Geschichte von Vincent van Hopp wird in fünf Spielangeboten eingeführt. Bewegungsspiele, Lieder und Aktionen umrahmen die Geschichte. Das Ganze mündet schließlich in eine Aufführung, deren Ablauf die Kurzform der bisherigen Spielangebote und der Geschichte darstellt. Da die Kinder in den Spielangeboten die Inhalte spielerisch erlebt haben, sind ihnen der Aufbau und die Rollen schon vertraut.

1. und 2. Spielangebot:
Ganzheitliches Erleben und Spielen der Geschichte durch vielfältige Spielformen.

3. Spielangebot:
Spielerisches Erarbeiten des Singspiels mit wechselnden Rollen innerhalb eines methodisch-didaktischen Rahmens mit Einstimmung und Ausklang.

4. Spielangebot:
Spielerisches Erarbeiten des Singspiels mit wechselnden Rollen innerhalb eines methodisch-didaktischen Rahmens mit Einstimmung und Ausklang. Danach Festlegung der Rollen und einmaliges Durchspielen in dieser Besetzung.

5. Spielangebot:
Generalprobe mit festgelegten Rollen.

Singspiel: „Osterhase Vincent van Hopp" in 6 Szenen

Szene 1: In der Ostereier-Malwerkstatt
Szene 2: Bei Fledermaus Esmeralda
Szene 3: Nachts in der Ostereier-Malwerkstatt
Szene 4: Es ist Ostern
Szene 5: Der Postbote kommt
Szene 6: Die Osterhasen holen Vincent zurück

Dauer: ca. 15 Minuten
Anzahl der Kinder: 12 bis ca. 22 Kinder
Alter der Kinder: 4 bis 7 Jahre

Rollen: Osterhase Vincent van Hopp, Oberosterhase Willibald (gespielt von einem Jungen) oder Oberosterhäsin Wilhelmine (gespielt von einem Mädchen), Osterhasen, Fledermaus Esmeralda, Postbote, Sprecher (ein älteres Kind, Spielleitung oder Teamkollegen).

Verkleidung:

- für die Hasen: Tücher (Knotenende als Ohren nach oben) oder selbst gebastelte Ohren aus Pappe (mit Gummiband). Schminkstift (den Kindern wird ein Hasenbart in das Gesicht gemalt). Die Kinder tragen möglichst einfarbige Kleidung (z. B. beige Leggings und T-Shirts).
- Postbotentasche
- für die Fledermaus Esmeralda: zwei schwarze Tücher oder ein Umhang
- für Vincent: ein großes Chiffontuch (orange-braun) als Fellverkleidung
- für Oberhäsin/-hase: ein großes Chiffontuch (bräunlich) als Fellverkleidung, eine goldene Kette

Materialien für die Spielangebote und die Aufführung:

- Dosen / Büchsen / Trommeln als Farbtöpfe, Tücher, Pinsel für jedes Kind
- Papp-Eier oder Trommeln als Eier für jeden Osterhasen
- geeignete Turnmöbel und Tücher (zum Bau der Fledermaushöhle)
- ca. acht angemalte Plastik-Eier o. Ä. für Vincent
- kleine Körbe für die Ostereier

Instrumente für die Kinder: (je nach Umsetzungsform und Anzahl der mitwirkenden Kinder) Klanghölzchen, Trommeln, Metallophon/Six-flat, Triangel

Musikbegleitung: je nach Ressourcen und Fähigkeiten der Spielleitung und/oder des Teams können Instrumente wie Gitarre, Keyboard, Akkordeon, Flöten eingesetzt werden.

37

Spielangebote zum Musikprojekt

1. Spielangebot

Begrüßung und thematische Einstimmung

Die Spielleitung hat im Vorfeld ein Pappmaché-Osterei (es ist wie eine Schachtel zu öffnen, in der Osterzeit in jedem Supermarkt erhältlich) mit einigen kleinen Schokoladenostereiern befüllt und an ihrem Sitzplatz versteckt. Die Kinder sitzen im Kreis und schließen die Augen. Die Spielleitung holt das Osterei hervor, schüttelt es ein wenig und die Kinder beschreiben, was sie hören („Nach was hört sich das an?"). Anschließend wird das Ei zum Fühlen in die Hand jedes Kindes gelegt. Hat jedes Kind das Ei abgetastet, öffnen sie die Augen. Die Spielleitung öffnet nun vorsichtig das Papposterei, holt ein Schoko-Osterei heraus und zeigt es den Kindern. Dann schüttelt sie das Ei erneut und die Kinder sollen erraten, wie viele Schoko-Ostereier noch im Papposterei sind.

> **Praxistipp:** Um die Spannung bei dieser Einstimmung für das zweite Angebot zu erhalten, nehmen Sie bitte nur halb so viele Schoko-Eier, wie Kinder anwesend sind. Im zweiten Spielangebot werden dann so viele Schoko-Ostereier in das Osterei getan, dass jedes Kind eines bekommen kann.

Handgestenspiel: Schlupp und Schlapp, zwei Osterhasen

Die Kinder sitzen im Kreis auf dem Boden. Zeigefinger und kleiner Finger der Hände bilden die Hasenohren. Die restlichen drei Finger bilden das Hasenschnäuzchen.

Schlupp und Schlapp, zwei Osterhasen,
saßen ratlos auf dem Rasen.
Die Eier waren schon versteckt,
nun wollten alle beide weg.
Hoppelten nach vorne – hinten –
nirgends war der Weg zu finden.
Wussten nicht mehr ein noch aus,
ja, wie war der Weg nach Haus?

Die „Hasen" schauen sich um.

Nach vorne und soweit wie möglich nach hinten über die Schulter mit den „Hasen" hoppeln.
Nach oben hoppeln (über den Kopf) und herunterblicken.

Blickten von dem Berg hinab:
„Hier ist doch der Weg ‚Zick-Zack'!"
Im Hasendorf ruhn sie sich aus
und schlafen jetzt im Hasenhaus.

Im Zick-Zack mit den „Hasen" von oben
nach unten hoppeln.
Die „Hasen" legen sich in den Schoß oder
alle „Hasen" treffen sich in der Mitte im
Sitzkreis.

Wahrnehmungsspiel (Hören – Bewegen): Was Osterhasen alles können!

Die Spielleitung leitet mit folgender Aufforderung in das Spiel über: „Nun hoppeln alle Osterhasen aus ihrem Hasenhaus heraus. Mal sehen, was sie heute alles vorhaben!"

Die Spielleitung improvisiert auf einem Instrument ihrer Wahl (Flöte, Xylophon, Trommel) Galopp- oder Hüpfmusik als Hoppelmusik für die Osterhasen (Kinder). Ist die Hoppelmusik zu Ende, führen die Osterhasen folgende Tätigkeiten aus:

• An einer Stelle im Raum liegt für jeden Osterhasen ein Borstenpinsel bereit. Jeder Hase malt nun mit seinem Pinsel imaginäre Muster und Formen an die Wand. Auf Nachfrage der Spielleitung erzählen die Kinder, was und wie sie ihr Osterei angemalt haben.
• Die Kinder verteilen ihre imaginären Ostereier im Raum.
• Die Hasen sind müde und schlafen (Kinder legen sich hin).
• Die Hasen fressen Gras (pantomimisch).

Der Ablauf wird mehrmals wiederholt.

Am Ende des Spieles setzt sich jeder Hase mit seinem Pinsel und seinem Ei in den Sitzkreis. Die Spielleitung erzählt nun den ersten Teil der Geschichte vom „Osterhasen Vincent van Hopp".

Geschichte „Osterhase Vincent van Hopp":

„Es war wieder soweit. Das Osterfest stand vor der Tür und alle Osterhasen waren sehr aufgeregt. Nach der langen Winterpause waren heute die Osterhasen eifrig dabei, die Malwerkstatt aufzuräumen, abzustauben, die Pinsel zu putzen und die Farbtöpfe aufzufüllen. Jetzt hieß es für sie, ihre besten Malideen auf die Ostereier zu pinseln. Am liebsten malten sie Tiere, wie Hasen, Katzen, Hühner. Dann Blumen in allen Farben und die gelbe Sonne.
Wenn es dann richtig mit dem Malen losging, mussten sie ganz schnell malen, damit jedes Kind auch sein Osterei pünktlich an Ostern bekam. Und das waren viele Eier, besser gesagt - viele Kinder, die sich ein echtes Osterei wünschten." ...

Lied: „Wir Osterhasen!"

Spieldurchführung: Die Kinder stehen im Kreis und malen mit ihren imaginären Pinseln auf ein imaginäres Ei.

1. Wir Osterhasen, das ist klar,
bemalen Eier wunderbar!
Mit Tieren, Blumen, Sonne hell –
schi-wapp-wapp-wapp,
das geht ganz schnell!

Hände als Hasenohren an den Kopf halten.
Mit dem Pinsel imaginäre Formen malen.

Im Sprachrhythmus von „schi-wapp-…"
den Pinsel schwingen.

2. Ja Ostern, das ist unsre Zeit.
Die Blumen blühen weit und breit.
Vorbei ist es mit Eis und Schnee!
Wir futtern wieder frischen Klee.

Hände als Hasenohren an den Kopf halten.
Hände als Blumenkelche langsam öffnen.
Begeistert bei jeder Silbe in die Hände klatschen.
Den Klatscher bei ‚Eis' in die große gegenläufige Bewegung münden lassen. Gleichzeitig die Schneeflocken als rasche Fingerbewegungen darstellen.
Hände als Hasenmund öffnen und schließen.

3. Und jedes Kind bekommt zum Fest
ein wunderschönes Osternest.
Mit vielen bunten Eiern drin
und einem Gruß vom Frühling.

Auf die anderen Kinder zeigen.
Hände formen sich zu einem Korb.
Eine Hand tippt die imaginären Eier an.
Den „Korb" auf Kinnhöhe halten. Nach dem Wort „Frühling" den Korb zum Blastrichter formen, pusten und gleichzeitig die Hände etwas nach außen bewegen („Frühlingsduft").

Fortsetzung der Geschichte „Osterhase Vincent van Hopp":

Osterhase Vincent van Hopp wartete aufgeregt vor der Ostereier-Malwerkstatt. Ab heute ging er nicht mehr in die Osterhasenschule, sondern malte, wie alle anderen großen Osterhasen, Ostereier an. Die Ober-Osterhäsin Wilhelmine begrüßte Vincent freundlich und stellte ihn den anderen Osterhasen vor. „Der neue Ostereiermaler ist da! Darf ich vorstellen: Osterhase Vincent van Hopp."
In diesem Moment trugen einige Osterhasen die erste Lieferung an frisch gelegten Eiern in die Werkstatt. Jetzt ging es mit der Ostereier-Malerei richtig los! Jeder Osterhase holte sich ein Ei und stellte es an seinen Malplatz, wo schon die sauberen Pinsel und die Farbtöpfe mit den schönsten Farben auf ihren Einsatz warteten. ...

Lied: „Vom Ostereier malen"

Refr.: Un-ser Pin-sel flink und frei, malt nun auf das Os-ter - ei.

ei. **1.** Wir ne-hmen nun das Gelb Schi - wapp, schi -

wapp, es ist schon auf-ge - malt. Schon ist es auf-ge - malt.

Dialog:

Was hast du in Gelb ge - malt? **z.B.:** „Ein

Haus." „Ei - ne Son - ne".

Refrain: ‖: Unser Pinsel, flink und frei,
malt nun auf das Osterei. :‖

1. Wir nehmen nun das Gelb
- schi-wapp, schi-wapp -
schon ist es aufgemalt,
schon ist es aufgemalt.

Dialog: *Ein Hase fragt den anderen:* „Was hast du mit Gelb gemalt?"
Osterhasen antworten z. B.: „Eine Sonne." „Eine Blume." „Ein Haus."

Refrain: Unser Pinsel, flink und frei ...

2. Wir nehmen nun das Grün ...

Dialog: *Ein Hase fragt den anderen:* „Was hast du mit Grün gemalt?"
Osterhasen antworten z.B.: „Das Gras." „Einen Strauch." „Die Blätter."

Refrain: Unser Pinsel, flink und frei ...

3. Wir nehmen nun das Rot ...

Dialog: *Ein Hase fragt den anderen:* „Was hast du mit Rot gemalt?"
Osterhasen antworten z. B.: „Das Dach." „Das Kleid." „Die Blume."

Refrain: Unser Pinsel, flink und frei ...

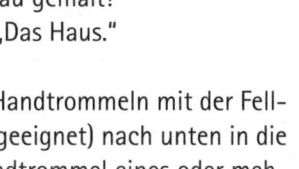

4. Wir nehmen nun das Blau ...

Dialog: *Ein Hase fragt den anderen:* „Was hast du mit Blau gemalt?"
Osterhasen antworten z. B.: „Den Fluss." „Den Himmel." „Das Haus."

Spieldurchführung: Die Spielleitung legt als Farbtöpfe Handtrommeln mit der Fellseite (alternativ sind auch leere Kaffeedosen u. a. dafür geeignet) nach unten in die Kreismitte. Dann verteilt sie mit den Kindern in jede Handtrommel eines oder mehrere Tücher in derselben Farbe. Jedes Kind hat seinen Pinsel in der Hand und sein Papp-Ei (oder eine Sitzmatte) als anzumalendes Ei vor sich.
Die Spielleitung fragt immer vor jeder Strophe, mit welcher Farbe jetzt gemalt wird. Dann wird die entsprechende Strophe gesungen. Der Dialog wird als Sprechgesang im Kreis in einer Richtung durchgeführt, indem immer ein Kind beginnt und seinem Nachbarkind die Frage stellt: „Was hast du in Grün gemalt?" etc. Nach der Antwort fragt dieses sein Nachbarkind. Dies wird solange wiederholt, bis alle an der Reihe waren.

Varianten:
- Variante „Regenbogenfarben": Diese Variante eignet sich besonders für Wiederholungen des Liedes. Die Kinder malen in bunt („Regenbogenfarbe") und verändern das Lied insofern, indem sie in jeden Farbtopf mit dem Pinsel tupfen und entsprechend singen („Was hast du in Rot, Blau, Grün, Lila, Blau ... gemalt?") und nachher sehr kreative Antworten geben, was sie alles mit der Regenbogenfarbe gemalt haben.
- Auch Trommeln eignen sich als anzumalende Eier. Auf dem Trommelfell lassen sich mit den streichenden Pinseln leise und feine Geräusche und Rhythmen zum Lied spielen.
- Ein Kind spielt die Oberhäsin Wilhelmine/den Oberhasen Willibald. Dieser fragt die Osterhasen: „Was hast du mit Grün gemalt?" Osterhasen antworten nacheinander z. B.: „Das Gras." „Einen Strauch." „Die Blätter." Rollenwechsel.

- Die Frage: „Was hast du in Grün gemalt?" kann von den Kindern in einem improvisierten Sprechgesang an das nächste Kind gestellt werden. Am besten ist es, wenn die Spielleitung beim ersten Mal damit beginnt.

Ausklang: Die Kinder bemalen ihr Papp-Osterei mit Farben

2. Spielangebot

Begrüßung und thematische Einstimmung
Die Spielleitung hat das Pappmaché-Osterei mit Schokoladen-Ostereiern befüllt (so viele, wie Kinder mitspielen). Sie schüttelt das Ei und die Kinder erraten, wie viele Schoko-Ostereier im Osterei sind. Danach wird das Ei geöffnet und die Schokoladen-Ostereier gezählt. Dann wird gezählt, wie viele Kinder da sind, um herauszufinden, ob es für jedes Kind ein Ei gibt. Die Spielleitung verspricht, dass jedes Kind zum Spielschluss ein Ei bekommt.

Handgestenspiel: Schlupp und Schlapp, zwei Osterhasen
Siehe 1. Spielangebot (S. 38).

Variante Wahrnehmungsspiel (Hören – Bewegen): Was Osterhasen alles können!
(siehe Grundform 1. Spielangebot, S. 39)
Die Spielleitung improvisiert auf einem Instrument ihrer Wahl (Flöte, Xylophon, Trommel) Hoppelmusik für die Osterhasen (Kinder). Ist die Hoppelmusik zu Ende, führen die Osterhasen folgende Tätigkeiten aus:
- An einer Stelle im Raum liegen für jeden Osterhasen ein Borstenpinsel und ein ausgeschnittenes Ei aus Pappe (ersatzweise eine runde Sitzmatte) bereit. Jeder Hase malt nun mit seinem Pinsel imaginäre Muster und Formen darauf. Dabei wird das Lied: „Vom Osterei malen" in der Variante „Regenbogenfarben" gesungen.
- Die Kinder verteilen ihre Ostereier im Raum.
- Die Hasen sind müde und schlafen.
- Die Hasen fressen Gras.

Der Ablauf wird mehrmals wiederholt.

Übergang: Anschließend setzen sich die Kinder in das „Osterhasenhaus" (Sitzkreis). Gemeinsam wird mit den Kindern die bisherige Geschichte nacherzählt und die Lieder des ersten Spielangebotes gesungen.

Fortsetzung der Geschichte „Osterhase Vincent van Hopp":

„Auch Vincent begann sein Ei anzumalen. Dabei war er so in das Malen vertieft, dass er die ganze Welt um sich herum vergaß. Plötzlich bemerkte er, dass alle Osterhasen um ihn herumstanden. „Wie malst du denn?" „So malt doch kein Osterhase!" „Das gefällt den Kindern nicht!" „Rotes Gras und blaue Sonne – wo gibt es denn so was!", riefen die Osterhasen ganz entrüstet. Da wurde Vincent van Hopp ganz traurig, legte den Pinsel still zur Seite und hoppelte aus der Ostereier-Malwerkstatt. Vincent lief zum nahen Wald. Dort wollte er zu seinem Geheimversteck, das nur er alleine kannte, nämlich die Fledermaushöhle! Seine Freundin, die Fledermaus Esmeralda, wohnte dort. Esmeralda hatte für Vincent immer ein offenes Ohr und ein gutes Wort.

Vincent van Hopp schaute sich in der Fledermaushöhle um. Viele Fledermäuse hingen kopfüber von den Höhlenwänden und hielten sich mit ihren Krallen an den steinigen Wänden fest. „Esmeralda!", rief Vincent kläglich, „Wach auf! Hier ist Vincent!" Da rührte sich eine der Fledermäuse und piepste: „Hallo Vincent. Was willst du mitten am Tag bei mir, es ist doch noch Schlafenszeit!" Vincent erzählte Esmeralda alles, was ihm in der Ostereier-Malwerkstatt passiert war. „Ich will nicht mehr ins Osterhasendorf zurück!", meinte er trotzig. „Alle meckern an mir herum. Dabei tu ich nichts lieber, als Ostereier anzumalen!" ...

Liedstrophe zur Melodie von „Wir Osterhasen!"

Gemeinsam wird zur Melodie „Wir Osterhasen!" (siehe S. 40) der folgende Text gesungen:

Die Hasen finden, ich mal' schlecht.
Ich mach' es wirklich keinem recht.
Die Osterhasen sind gemein –
ich soll so wie die andern sein!

45

Fortsetzung der Geschichte „Osterhase Vincent van Hopp":

„Die anderen Osterhasen wissen gar nicht, wie schön du malen kannst!", antwortete Esmeralda traurig, „Bleib bei mir, solange du willst. Aber jetzt muss ich weiterschlafen, sonst bin ich heute Nacht zu müde zum Mückenfangen. Tut mir leid!" Esmeralda schloss die Augen und breitete ihre Flügel schützend um sich herum aus. Als die Dämmerung kam, flogen alle Fledermäuse aus dem Schutz der Höhle hinaus und Vincent blieb alleine zurück. Er saß am Eingang der Höhle und blickte traurig auf das Osterhasendorf. Langsam legten sich dort alle Osterhasen zur Ruhe und löschten die Kerzen in ihren Hasenhütten. Schließlich lag das Dorf dunkel vor Vincent. ...

Wahrnehmungsspiel Spüren – Bewegen – Hören: Osterhase oder Fledermaus?

Die Kinder teilen sich in zwei Gruppen, die „Osterhasen" und die „Fledermäuse". Die Fledermäuse setzen sich in der Hocke auf eine Turnbank und schlingen ihre Arme als Flügel um sich. Die Hasen befinden sich im Hasenhaus. Zwei Instrumentalisten haben jeweils ein Instrument und spielen für die jeweiligen Tiere, wenn die Spielleitung sie berührt (zum Beispiel die Trommel für die Hasen und ein Metallophon für die Fledermaus).
Hören die Tiere ihr Instrument, bewegen sie sich hoppelnd als Hase oder leise und schnell, mit ausgebreiteten Flügeln, als Fledermaus durch den Raum.
Mehrmals wiederholen mit geänderter Rollenverteilung.

Fortsetzung der Geschichte „Osterhase Vincent van Hopp":

Da hatte Vincent eine Idee! (Klang auf Triangel) Leise hoppelte er ins Dorf zur Ostereier-Malwerkstatt, zündete eine Kerze an und begann zu malen. Er malte und malte und als ihm vor Müdigkeit die Augen fast zufielen, standen acht wunderschön bemalte Ostereier vor ihm. Zufrieden schrieb er noch seinen Namen Vincent van Hopp ganz klein auf jedes Ei. „Wohin mit den Eiern?", überlegte Vincent erschrocken, „Wenn die anderen Osterhasen sie entdecken, dann werden sie böse auf mich sein!" Er hoppelte durch die Werkstatt und fand die Ostereierkörbe in einer Kammer. Einige waren schon mit bunt bemalten Ostereiern gefüllt. Da legte Vincent immer ein Ei in jeden Korb und bedeckte es mit den anderen Eiern, damit es niemanden auffiel. ...

Lied von Vincent

Auf die Melodie des Liedes: „Vom Ostereier malen" (siehe S. 42)

Ja, mein Pin-sel flink und frei, malt nun auf das Os-ter - ei.

ei. Ich kann ma-len, was ich will. Ich kann-

ma-len, wie ich will. Ich kann ma - len so bunt ich

will. Schi - wapp, schi - wapp, schon

ist es auf-ge - malt. Schon ist es auf-ge - malt.

Mit variiertem Text:

ll: Ja mein Pinsel flink und frei,
malt nun auf das Osterei. :ll
Ich kann malen, was ich will.
Ich kann malen, wie ich will.
Ich kann malen so bunt ich will.
Schi-wapp, schi-wapp,
schon ist es aufgemalt,
schon ist es aufgemalt.

Fortsetzung der Geschichte „Osterhase Vincent van Hopp":
Zufrieden hoppelte Vincent zurück und kam von da an jede Nacht in die Oster-eier-Malwerkstatt, bis es Ostern war.
Am Morgen des Osterfestes beobachtete Vincent, wie sich die Osterhasen mit den Eierkörben auf den Weg machten. Es war ein wunderschöner, sonniger Tag und Vincent freute sich für die Kinder, die schon gespannt auf die Ostereier warteten. Doch als die Osterfeiertage vorbei waren, geschah etwas ganz Besonderes. Der Postbote schleppte eine Posttasche voller Briefe an. So viel Post hatten die Oster-hasen in ihrem ganzen Leben noch nie erhalten. Aber das Verrückte war, dass die Briefe alle an Vincent adressiert waren. Begeisterte Kinder schrieben an Vin-cent, so wie zum Beispiel das Mädchen Klara:
Lieber Osterhase Vincent! Dein Osterei ist so wunderschön, dass ich es nicht übers Herz brachte, es aufzuessen. Es steht jetzt sogar in unserem Stadtmuseum in einer Vitrine und alle Leute bewundern es!
Vielen Dank dafür und Grüße von Klara
Da ging den Osterhasen ein Licht auf: Grüne Sonne und orangenes Gras gefällt den Kindern also doch! Und weil sie das selbst nicht so gut fanden, hatten sie einen tollen Ostereier-Maler aus dem Dorf vertrieben! Gemeinsam suchten sie Vincent und fanden ihn bei der Fledermaushöhle. Die Ober-Osterhäsin Wil-helmine ergriff das Wort und meinte: „Den Kindern gefallen deine Eier so gut und wir finden sie jetzt auch schön! Komm bitte wieder zurück in unser Oster-hasendorf." „Es tut uns Leid, lieber Vincent!", riefen alle Osterhasen.

Lied für Vincent
Auf die Melodie des Liedes: „Vom Ostereier malen" (siehe „Lied von Vincent" S. 47)

II: Mit dem Pinsel flink und frei,
malst du auf das Osterei. :II
Du kannst malen, was du willst.
Du kannst malen, wann du willst.
Du kannst malen so bunt du willst.
Schi-wapp, schi-wapp,
schon ist es aufgemalt!
Schon ist es aufgemalt!

Ende der Geschichte „Osterhase Vincent van Hopp":
Vincent überlegte und sprach: „Ich komme wieder zurück!"
Da freuten sich alle Osterhasen sehr und Vincent van Hopp wurde der berühmteste Osterhasen-Eiermaler der Welt. Und stellt euch vor: Alle Museen der Welt waren froh, wenn sie ein Osterei von ihm ausstellen konnten.

Ausklang:
• Die Kinder schreiben einen Brief an Vincent, indem sie ein Osterhasen-Bild malen. Die „Briefe" werden für die Aufführung in einer dafür bestimmten Posttasche aufbewahrt.
• Jedes Kind bekommt ein kleines Schokoladen-Osterei.

Spielangebote 3 bis 5
Siehe unter „Das Musikprojekt auf einen Blick", S. 36

Singspiel „Vincent van Hopp":

Bühnenbild: Als Bühne dient die zur Verfügung stehende Aufführungsfläche, z. B. in einem Turnraum; es ist von Vorteil, die Bühne mit Klebestreifen oder Seilen vom Zuschauerraum abzugrenzen.
Die Ostereier-Malwerkstatt wird in der Mitte der Bühne mit den Farbtöpfen und Sitzkissen aufgebaut. Die Fledermaushöhle ist an einer Seite der Bühne.

Praxistipp: Schneiden Sie mit einer Schablone Eierformen aus Pappe und aus alten Kunstkalendern. Bekleben Sie die Vorder- und Rückseite der Pappe mit den ausgeschnittenen Gemälden (falls möglich von Vincent van Gogh oder anderen modernen Malern). So können Sie den Kindern Kunst etwas näher bringen. Eine Alternative ist, dass die Kinder die Eier selbst anmalen.

Musikalische Begleitung: Je nach musikalischen Kompetenzen und Möglichkeiten begleitet die Spielleitung oder die Kollegen zu den Liedern z. B. mit Gitarre und improvisiert Bewegungsmusik zum Galoppieren, das ist das Hoppeln der Hasen (im weiteren Verlauf als Hoppelmusik bezeichnet).

Optional:
- ein Kind spielt zum Hoppeln der Hasen im Galopprhythmus mit einer Trommel,
- ein Kind spielt zum Hoppeln der Hasen im Galopprhythmus mit Klanghölzchen,
- ein Kind spielt auf einem Six-flat oder auf Metallophon-Klangbausteinen (z. B. die Töne d1, f1, a1, d2, f2, a2) eine ruhige Melodie an der Stelle, wenn Vincent van Hopp traurig zu Esmeralda geht.

1. Szene: In der Ostereier-Malwerkstatt

Intro: *Die Osterhasen hoppeln, ohne Vincent van Hopp, zur Musik (Klanghölzchen, Trommeln, Klangbausteine) auf die Bühne. In der Bühnenmitte stehen Farbtöpfe (Dosen mit verschieden bunten Tüchern) im Halbkreis und ein Topf, in dem alle Pinsel stecken. Die Osterhasen stellen sich im Halbkreis mit dem Gesicht zum Publikum um die Farbtöpfe. Sie singen das Lied und bewegen sich mit den entsprechenden Gesten dazu.*

Lied: „Wir Osterhasen!" (siehe S. 40)
Oberosterhase holt und begrüßt Vincent van Hopp.
Oberosterhase: „Der neue Ostereiermaler ist da! Darf ich vorstellen: Vincent van Hopp." *Es folgt eine gegenseitige Begrüßung.*
Oberosterhase: „Holt euch Pinsel und Farbe. Wir müssen anfangen, die Ostereier zu bemalen." *Die Osterhasen holen sich einen Pinsel.*
Oberosterhase holt die Trommeln oder Korb mit Papp-Eiern als Ostereier und verteilt sie mit den Worten: „Jeder Osterhase bekommt ein Ei."

Lied: „Vom Ostereier malen" (siehe S. 42)
Alle Osterhasen stehen im Halbkreis mit dem Gesicht zum Publikum. Das Lied wird gesungen und bewegt. Der Oberosterhase stellt die Zwischenfragen des Dialoges wie z. B.: „Was hast du in Grün gemalt?"
Entrüstete Osterhasen: *Alle Osterhasen gehen zu Vincent und finden das, was er gemalt hat, schrecklich. Verschiedene Osterhasen rufen:* „Wie malst du denn?" „So malt doch ein Osterhase nicht!" „Das gefällt den Kindern nicht!" „Rotes Gras und grüner Himmel – wo gibt es denn so was!".
Vincent ist traurig und legt seinen Pinsel zur Seite. Er hoppelt aus der Ostereier-Malwerkstatt.

2. Szene: Bei Fledermaus Esmeralda

Ein Instrumentalist spielt auf einem Six-flat oder auf Metallophon-Klangbausteinen (z. B. die Töne d1, f1, a1, d2, f2, a2). Oder die Spielleitung (oder ein Teamkollege) spielt langsam und wenn möglich in Moll eine Melodie oder eine Harmonieabfolge (z. B. Fingerpicking in a-Moll, d-Moll, E-Dur, a-Moll auf einer Gitarre) auf einem Instrument. Vincent hoppelt traurig umher. Die anderen Osterhasen setzen sich hin und malen weiter. An der Seite in einer Höhle sitzt die Fledermaus Esmeralda.

Sprecher: „Vincent fühlt sich ganz allein. Er hoppelt zu seiner besten Freundin, der Fledermaus Esmeralda. Sie schläft tagsüber und er muss sie aufwecken."
Die Musik ist zu Ende.
Vincent: „Esmeralda, wach auf!"
Esmeralda: „Huah, was willst du denn am helllichten Tag bei mir?"
Vincent singt auf die Melodie von „Wir Osterhasen!" (siehe S. 40) folgende Strophe:

Die Hasen finden, ich mal' schlecht.
Ich mach' es wirklich keinem recht.
Die Osterhasen sind gemein –
ich soll so wie die anderen sein!

Esmeralda: „Die wissen ja gar nicht, wie schön du malen kannst. Bleib bei mir, solange du willst. Aber jetzt muss ich weiterschlafen, sonst bin ich heute Nacht zu müde zum Mückenfangen."
Sprecher: „Esmeralda deckt sich wieder mit ihren Fledermausflügeln *(Tücher)* zu und schläft weiter. Vincent schaut auf das Osterhasendorf. Er beobachtet, wie ein Osterhase nach dem anderen aus der Ostereier-Malwerkstatt hoppelt, um sich schlafen zu legen. Da hat Vincent eine Idee! *(Klang mit Triangel)* Er hoppelt in das Osterhasendorf *(mit Musikbegleitung)."*
Vincent hoppelt zur Ostereier-Malwerkstatt.

3. Szene: Nachts in der Ostereier-Malwerkstatt

Die anderen Hasen legen sich an einer vorbereiteten Schlafstelle hin. Dort bleiben sie während der ganzen Szene 3. An einer Stelle in der Ostereier-Malwerkstatt liegen acht bemalte Eier nach „Vincent-ART" bereit. Diese versteckt Vincent, nachdem er sein Lied gesungen hat, im Eierkorb.

Sprecher: „Vincent hoppelt in die Ostereier-Malwerkstatt. Er setzt sich hin, schnappt sich einen Pinsel und malt ein Ei an."
Vincent singt das „Lied vom Ostereier malen" (siehe S. 42) mit folgendem Text:

II: Ja mein Pinsel flink und frei, malt nun auf das Osterei. .II
Ich kann malen, was ich will.
Ich kann malen, wie ich will.
Ich kann malen so bunt ich will.
Schi-wapp, schi-wapp, schon ist es aufgemalt, schon ist es aufgemalt.

Sprecher: „Vincent kommt seitdem jede Nacht in die Ostereier-Malwerkstatt, bis es Ostern ist. Er versteckt seine Eier bei den anderen bemalten Eiern, damit es die anderen Osterhasen nicht bemerken."
Vincent versteckt seine bunten Eier in einem Korb mit anderen Ostereiern.
Vincent: „Huah, ich bin so müde!" *Er gähnt und streckt sich und hoppelt in die Fledermaushöhle zurück (Musikbegleitung).*

4. Szene: Es ist Ostern

Tremolo auf dem Triangel.
Sprecher: „Endlich ist es Ostern! Die Osterhasen holen die Osterkörbe und hoppeln los, um für jedes Kind ein Osterei zu verstecken."
Die Osterhasen singen das Lied: „Wir Osterhasen!" (siehe S. 40)
Die Osterhasen verstecken anschließend zur Hoppelmusik ihre Eier im Publikum.

5. Szene: Der Postbote kommt

Sprecher: „Nach Ostern bekommt das Osterhasendorf Besuch vom Postboten."
Der Postbote (Gehmusik z. B. mit Trommeln und Hölzchen) geht seinen Weg in mehreren

Bögen auf der Bühne umher. Die Postbotentasche ist mit Briefen gefüllt. Die Osterha-
sen erwarten ihn neugierig an der Ostereier-Malwerkstatt.
Postbote: „Ist Vincent van Hopp da? Ich habe ganz viele Briefe für ihn."
Er reicht dem Oberosterhasen einige Briefe.
Oberosterhase: „Sie sind wirklich alle für Vincent van Hopp! Ich lese mal einen vor:
Lieber Vincent!
Dein Osterei ist so schön, dass ich es nicht aufessen konnte. Es steht jetzt in unserem
Museum und jeden Tag bewundern es viele Leute.
Vielen Dank dafür und liebe Grüße, Deine Klara"
Alle Osterhasen rufen: „Wir müssen Vincent zurückholen!"
Zur Hoppelmusik machen sich alle Osterhasen auf die Suche nach Vincent.

6. Szene: Die Osterhasen holen Vincent zurück

Die Osterhasen finden Vincent bei der Fledermaus Esmeralda (Musik ist zu Ende).

Alle Osterhasen rufen: „Da ist Vincent!"
Die Osterhasen setzen sich oder gehen vor Vincent in die Hocke, außer dem Ober-
osterhasen.
Oberosterhase: „Kommst du wieder zu uns ins Osterhasendorf? Deine Eier gefallen
den Kindern so gut und wir finden sie jetzt auch schön!"
Alle Osterhasen: „Es tut uns leid, lieber Vincent!"

Die Osterhasen singen das „Lied für Vincent" (siehe S. 47)
II: Mit dem Pinsel flink und frei,
malst du auf das Osterei. :II
Du kannst malen, was du willst.
Du kannst malen, wann du willst.
Du kannst malen so bunt du willst.
Schi-wapp, schi-wapp, schon ist es aufgemalt, schon ist es aufgemalt.

Vincent: „Ich komme wieder zurück!"

Abschluss mit dem Lied „Wir Osterhasen!" (siehe S. 40)
Nach dem Lied verteilen die Osterhasen kleine Geschenke, wie selbst gemalte Oster-
eier, Schokoladen-Ostereier oder Sonstiges.

Das Musikprojekt „Dolfino, der Regentänzer" passt gut zu Jahreszeiten wie März, April, Oktober, November, in denen es vermehrt regnet. Die fantasievolle Geschichte führt in eine fiktive Stadt, in der plötzlich ein Junge namens Dolfino auftaucht. Dolfino verhält sich nicht wie ein normales Kind. Er hüpft und tanzt durch den Regen und wundert sich, dass die Leute schlechte Laune haben, nur weil es regnet, und beginnt Regentropfenklänge zu sammeln, die wie durch einen Zauber anfangen zu klingen. Und es gelingt ihm, dass nun alle Leute trotz Regen fröhlich sind, sich über die Klänge freuen und miteinander tanzen und nicht mehr stur und missmutig ihrer Wege gehen. Die Kernaussage der Geschichte ist, dass wir uns vor lauter Hektik und Stress nicht mehr an den kleinen, feinen Dingen des Lebens erfreuen können – und sei es nur das Geräusch der Regentropfen. Die Geschichte von Dolfino hilft, dies wieder ins Bewusstsein zu rufen.

Das Musikprojekt auf einen Blick

Vielfältige Kompetenzen werden durch das Musikprojekt gefördert. Hördifferenzierung, Sprachfantasie, Kreativität ..., Erlebniswelten der Kinder werden miteinander verknüpft und fördern die Intelligenz und das Wissen über phänomenologische Vorgänge.

1. und 2. Spielangebot:
Ganzheitliches Erleben und Spielen der Geschichte durch vielfältige Spielformen.

3. Spielangebot:
Spielerisches Erarbeiten des Singspiels mit wechselnden Rollen innerhalb eines methodisch-didaktischen Rahmens mit Einstimmung und Ausklang.

4. Spielangebot:
Spielerisches Erarbeiten des Singspiels mit wechselnden Rollen innerhalb eines methodisch-didaktischen Rahmens mit Einstimmung und Ausklang. Danach Festlegung der Rollen und einmaliges Durchspielen in dieser Besetzung.

5. Spielangebot:
Generalprobe mit festgelegten Rollen.

Singspiel: „Dolfino, der Regentänzer" in 8 Spielszenen

1. Intro: „Es regnet!"
2. Lied: „Dolfino, der Regentänzer"
3. Klingende Tropfen
4. Dolfino sammelt Regentropfen ein
5. Tropfenklangspiel
6. Tanz mit Lied: „Regentropfen"
7. Lied: „Dolfino, der Regentänzer" Variante
8. Regentropfen versickern in der Erde
9. Abschluss mit Refrain des Liedes: „Dolfino, der Regentänzer"

Dauer: ca. 18 Minuten
Alter: zwischen 3 1/2 und 7 Jahren.
Gruppenstärke: 10 bis 25 Kinder.

Rollen: Dolfino, Regentropfen, Sprecher, Instrumentalisten (bei Gruppen ab ca. 12 Kindern)

Verkleidung:
• Dolfino hat ein geringeltes T-Shirt an.
• Die Kinder, die die Regentropfen spielen, werden mit blauen und weißen Tüchern verkleidet und nach Bedarf im Gesicht und Extremitäten blau-weiß angemalt.

Materialien: Zauberstab für Dolfino, Chiffontücher in Farbnuancen Blau, weiße Chiffontücher, blaue und weiße Schminke

Instrumente für die Kinder: Rain-maker, Ocean-Drum. Jedes Kind, das einen Regentropfen darstellt, hat während der Aufführung ein Sen-plate oder ein anderes Metallinstrument (Triangel, Zimbel, Glockenspiel-Klangbaustein) in der Hand.

Instrumente für die Kinder bei einer Gruppenstärke von 20 bis 25 Kindern: Sen-plates, Rain-maker, Ocean-Drum. Der Ablauf wird modifiziert, indem die Regentropfen keine Instrumente haben, sondern eine Gruppe mit Instrumentalisten in entsprechender Weise spielt.

Musikbegleitung: je nach Ressourcen und Fähigkeiten der Spielleitung und/oder des Teams können Instrumente wie Gitarre, Keyboard, Akkordeon, Flöten eingesetzt werden.

Spielangebote zum Musikprojekt

1. Spielangebot

Begrüßung und thematische Einstimmung

Die Kindergruppe sitzt im Kreis. Die Spielleitung hat im Vorfeld eine kleine Wasser-flasche mit Pipette vorbereitet (z. B. Nasentropfenfläschchen). Sie bittet die Kinder, die Augen zu schließen und tropft jedem Kind mit der Pipette einen Tropfen auf die Hand, über den Nasenrücken, die Backe etc. Die Kinder erzählen, wo sie den Tropfen spüren.

Handgestenspiel: Regentropfen

Die Spielleitung spricht und bewegt das Fingerspiel. Die Kinder ahmen nach.

Regentropfen – tropf, tropf, tropf,	*Im Sprachrhythmus mit den Fingerspitzen*
tröpfeln heute auf den Kopf.	*als Regentropfen auf den Kopf tippen.*
Pflitsche-pflatsche – pflatsch und pflum,	*Mit den Händen auf den Körper patschen.*
klatschen auf mich – so ein Sturm!	*Bei ‚Sturm' einmal kräftig in die Hände klatschen und die Hände durch den Schwung dynamisch nach außen führen.*
Dinge-linge-linge-ling, klopfen sie jetzt auf den Schirm.	*Rasche und kleine Fingerbewegungen auf einen imaginären Schirm über dem eigenen Kopf klopfen.*
Regentropfen - tropf, tropf, tropf tröpfeln heute auf den Kopf.	*Im Sprachrhythmus mit den Fingerspitzen als Regentropfen auf den Kopf tippen.*

Experimentierphase: Tropfenmusik

Die Kinder spielen und experimentieren im Sitzkreis mit den verschiedenen Metall-instrumenten (z. B. Fingerzimbeln, Triangel, Senplates/Sixflat oder Metallophon-Klangbausteine). Die Spielleitung fragt nun die Kinder, nach welchem Regen sich die Instrumente anhören. Nachdem ein ‚Expertengespräch' darüber stattgefunden hat, darf sich jedes Kind eines der Instrumente aussuchen und ‚seinen' Regen spielen. Die Kinder interpretieren sprachlich nach jedem Spiel eines Kindes, ob es ein Niesel-regen ist, Regentropfen, die dick und fett vom Blatt tropfen, Sturmregen usw.

Verklanglichung des Handgestenspiels: Regentropfen

Soweit Instrumente vorhanden, werden diese an die Kinder ausgeteilt. Nun werden den drei Strophen des Fingerspieles Instrumente zugeordnet und entsprechend gespielt.

Zum Beispiel:

Regentropfen – tropf, tropf, tropf,
tröpfeln heute auf den Kopf.

Langsames und leises Spiel auf den Fingerzimbeln.

Pflitsche-pflatsche – pflatsch und pflum,
klatschen auf mich – so ein Sturm!

Tremolo auf der Triangel.

Dinge-linge-linge-ling,
klopfen sie jetzt auf den Schirm.

Rasches Spiel auf Metallophon, Sixflat, Glockenspiel oder ähnlichem Instrument.

Regentropfen – tropf, tropf, tropf,
tröpfeln heute auf den Kopf.

Langsames und leises Spiel auf den Fingerzimbeln.

Praxistipp: Haben Sie nicht für alle Kinder ein Instrument zur Verfügung, so machen die Kinder ohne Instrumente die entsprechenden Gesten wie im Handgestenspiel (siehe links). Danach werden die Rollen gewechselt.

Wahrnehmungsspiel: Tropfenmusik

Anschließend erhalten drei Kinder verschiedene Metallinstrumente. Die Spielleitung improvisiert nun auf Flöte, Trommel oder einem anderen Instrument zu den Fortbewegungsarten. Die übrigen Kinder bewegen sich dazu. Ist die Musik zu Ende, streicht sie einem der Instrumentalisten über den Rücken, damit dieser anfängt zu spielen. Die Kinder reagieren mit entsprechenden Bewegungen als Tropfen auf die Musik.

Beispiele:
- Leises und langsames Spiel auf den Fingerzimbeln = die Kinder gehen leise auf Zehenspitzen durch den Raum. Dabei ist jeder Klang ein Schritt = Tröpfelregen.
- Tremolo auf dem Triangel = die Kinder laufen schnell durch den Raum. Dabei drehen sie sich und gehen hoch und tief = Sturmregen.
- Rasches Spiel auf Sixflat, Glockenspiel, Metallophon o. Ä. = die Kinder tippeln möglichst leise und schnell durch den Raum = strömender Regen.

Varianten:
- Die Kinder machen die entsprechenden Bewegungen und Gesten des Handgestenspiels.
- Die Kinder bewegen sich nicht nur zum Rhythmus der Musik, sondern sie sprechen auch noch die dazugehörende Strophe. Zum Beispiel:

Triangel:

Pflitsche-pflatsche – pflatsch und pflum, *Mit den Händen auf den Körper patschen.*
klatschen auf mich – so ein Sturm! *Bei ‚Sturm' einmal kräftig in die Hände klatschen und die Hände durch den Schwung dynamisch nach außen führen.*

Geschichte „Dolfino, der Regentänzer":

Kennst du ihn nicht? Dolfino, den Regentänzer? Dann will ich dir von ihm erzählen, aber – pst! – du musst gut die Ohren spitzen, denn es gibt viel zu hören in dieser Geschichte.

Plötzlich war Dolfino da – mitten auf dem großen Platz. Er hüpfte barfuß und in einer Badehose fröhlich durch den Regen. Er tanzte den Leuten vor den Füßen herum und schnappte mit der Zunge nach Regentropfen. Doch die Leute beachteten den fröhlichen Dolfino nicht. Alle hasteten an ihm vorüber, umklammerten ihre Schirme und schimpften über das schlechte Wetter.

Keiner freute sich mit Dolfino über den Regen. „Warum sind die Leute nur so missmutig, wenn es regnet?", fragte sich Dolfino und lauschte den Regentropfen. „Weil sie das Zuhören verlernt haben, darum!", kam es ihm plötzlich in den Sinn. „Der Regen spielt doch manchmal wunderschöne Melodien. Wie die Tropfen auf dem Wasser!" Dolfino lauschte. „Sie machen pitsch und auf den Blättern machen sie patsch!", rief er fröhlich und lachte. Er sprang um den Brunnen herum zu einer Wassertonne. „Und hier machen sie pong! Und auf den Glasscheiben der Laterne machen sie ping!" Dolfino klatschte in die Hände. „Ping-pong-pitsch-patsch-pong-pong-ping!"

(Als kurzes Zwischenspiel die Silben „Ping-pong-pitsch-patsch-pong-pong-ping!" als Sprachspiel mit den Kindern sprechen und mit Körperklanggesten begleiten).

„Ich will alle Tropfenklänge finden!", rief Dolfino eifrig. „Und dann will ich sie den missmutigen Leuten vorspielen."

Dolfino lief eilig durch Straßen und Gassen und kreuz und quer durch den Park. Bis er viele Tropfenklänge gefunden hatte:

Das Guggel-guggel in den Regenrinnen ...
... das Plätscher-plätscher in den Abwässerkanälen,
... das zarte Ticki-ticki auf den Fensterscheiben,
... das Dong-dong auf den Autodächern,
... das Plitsch, Plutsch und Platsch auf den Büschen und Bäumen ... und noch viel mehr.

Es war seltsam: Dolfino war wie ein kleiner Zauberer, denn er brauchte den Tropfen nur zuzuhören und sie zu bestaunen, und schon sprangen sie ihm entgegen. Dolfino fing nur die dicksten ein und diejenigen, die am schönsten klangen. Irgendwann hatte Dolfino die Hände voll mit den schönsten Tropfenklängen und wusste nicht, was er damit machen sollte. ...

Lied: „Dolfino, der Regentänzer"

Refr.: Kreuz und quer durch al - le - Gas - sen tanzt Dol - fi - no nicht zu fas - sen. 1. Leu - te wun - dern sich so sehr, wo kommt der Dol - fi - no her. Refr.: Kreuz und quer durch al - le Gas - sen tanzt Dol - fi - no nicht zu fas - sen.

Refrain:

Kreuz und quer durch alle Gassen
tanzt Dolfino nicht zu fassen.

Abwechselnd auf die Oberschenkel patschen.

1. Leute wundern sich so sehr,
wo kommt der Dolfino her?
Refrain:
Kreuz und quer ...

Mit verwunderter, fragender Miene umherschauen oder durch den Raum gehen.

2. Sammelt Tropfen von den Bäumen,
alle klingen sie zum Träumen.
Refrain:
Kreuz und quer ...

Mit den Händen imaginäre Tropfen (oben – unten, links – rechts) sammeln.

3. Alle Leute bleiben stehen
wollen Tropfen hören - sehen.
Refrain:
Kreuz und quer ...

Sich gegenseitig die „Tropfen" in der Hand zeigen.

Variante in Grobmotorik: Die Kinder laufen zum Refrain kreuz und quer durch den Raum. Bei den Strophen bleiben sie stehen und führen die jeweiligen Bewegungen dazu aus.

Variante mit Instrumenten: An die Kinder sind Holzinstrumente, wie kleine Rührtrommeln, Klanghölzchen und Metallinstrumente, wie Sen-plates, Fingerzimbeln, Triangel ausgeteilt. Die Kinder mit den Holzinstrumenten spielen und bewegen sich zum Lied immer während des Refrains. Die Kinder mit den Metallinstrumenten zu den Strophen. Im Anschluss wird das Lied mit getauschten Rollen wiederholt.

Gesprächsimpuls:
Die Spielleitung fragt die Kinder, wohin die Tropfen fließen (Bach, Fluss, See, Meer). Dann legen sich die Kinder sternförmig auf den Boden und schließen die Augen.

Wahrnehmungsspiel Spüren: Der See
Die Spielleitung breitet nun ein blaues Schwungtuch oder viele blaue Chiffontücher als Meer über die Kinder aus. Die Kinder öffnen die Augen und stellen sich um den See. Die Spielleitung spielt nun auf einem Instrument einen Tropfenklang, z. B. auf dem Triangel, und jeweils immer ein Kind springt in den See.

Varianten:
• Die Kinder springen zu zweit in den See und bleiben dort.
• Die Kinder springen in den See und kommen wieder an das Ufer zurück.

- Die Kinder springen in der Reihenfolge, wie sie um den See stehen.
- Die Kinder springen in beliebiger Reihenfolge und bleiben im See (für ältere Kinder).
- Jedes Kind hat ein Klanghölzchen oder ein Sen-plate in der Hand. Zum Bewegungsimpuls ‚in den See springen', schlägt es gleichzeitig einmal auf seinem Instrument einen Tropfenklang.
- Jedes Kind überlegt sich einen Tropfennamen, wie z. B. ‚Pling', ‚Dong', ‚Plätsch'. Während es in den See springt, ruft es dabei seinen Tropfennamen.

Ausklang:
Alle Kinder bleiben im See liegen und schließen die Augen. Die Spielleitung sammelt die Instrumente ein und/oder streicht mit einem Tuch über die Kinder. Dabei summt sie die Melodie des Liedes: „Dolfino, der Regentänzer" (siehe S. 61).

2. Spielangebot

Gesprächsimpuls:
Die Gruppe sitzt im Kreis. Die Spielleitung fragt ein Kind: „Weißt du noch deinen Tropfennamen, den du dir letzte Stunde ausgesucht hast?" Nun versuchen alle Kinder, sich an ihren Tropfennamen zu erinnern.

Handgestenspiel: Regentropfen
Siehe 1. Spielangebot, S. 58

Verklanglichung des Handgestenspiels: Regentropfen
Siehe 1. Spielangebot, S. 59

Wahrnehmungsspiel: Tropfenmusik
Siehe 1. Spielangebot, S. 59f.

Geschichte „Dolfino, der Regentänzer":
Die Spielleitung erzählt mit den Kindern die Geschichte unter dem Motto: „Was bisher geschah", nach.

Lied: „Dolfino, der Regentänzer" (siehe S. 61)

Fortsetzung der Geschichte „Dolfino, der Regentänzer":
Plötzlich sieht Dolfino einen großen Baum, mit Blättern so groß wie Fächer. Da hatte Dolfino eine Idee! Er bestieg den Baum und breitete auf der grünen Baumkrone die Tropfen auf den großen Blättern sorgfältig aus. Nun musste er nur noch die schönen Melodien zusammenfügen. Er verband das Guggel-guggel mit dem Pitsch-pitsch und das Ticki-ticki mit den Dong-dong ... Dann klebte er die Blätter mit Harz zusammen und wenn er die Blätter schüttelte, erklang eine wunderschöne Melodie. ...

Lied: „Regentropfen"

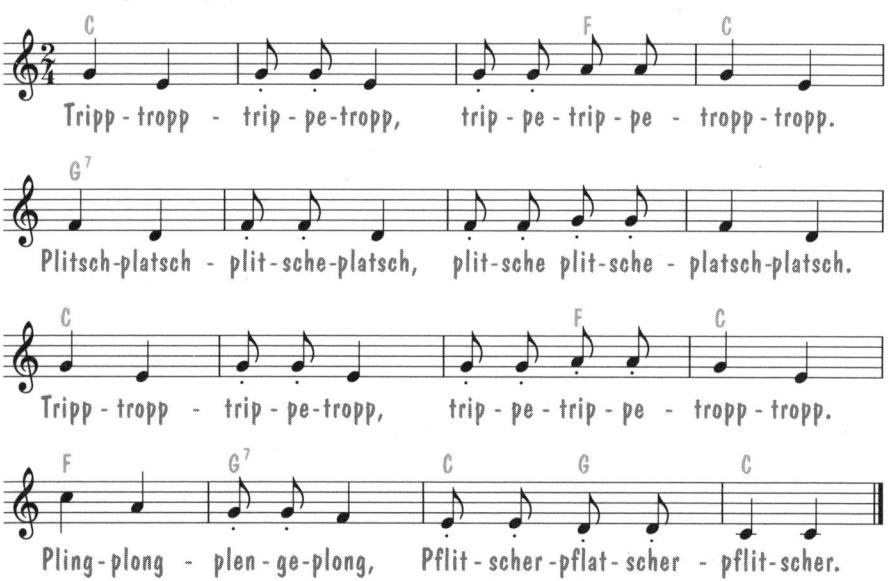

Die Spielleitung singt das Lied und überlegt mit den Kindern, worauf die Regentropfen des „Tripp-tropp", „Pling-plong" usw. platschen (Fenster, Autodach, Kopf, Körper). Mit den Kindern überlegt sie zu den einzelnen Liedzeilen passende Bewegungen.

Beispiel:
1. **Liedzeile:** Im Liedrhythmus auf den Kopf tippen.
2. **Liedzeile:** Im Liedrhythmus auf die Oberschenkel oder Beine patschen.
3. **Liedzeile:** Im Liedrhythmus auf den Kopf tippen.

4. Liedzeile: Im Liedrhythmus über den Körper nach unten wischen und bei „Pflitscher-pflatscher ..." mit den Handflächen auf den Boden patschen.
Variante: Die Kinder erfinden eigene Liedzeilen mit fantasievollen Tropfenklängen.

Fortsetzung der Geschichte „Dolfino, der Regentänzer":

Dolfino konnte den nächsten Regen kaum erwarten. Als die ersten Tropfen fielen, tanzte Dolfino mitten durch die missmutigen, dahineilenden Leute. Dabei ließ er seine Melodien aus den Blättern erklingen. Und plötzlich blieben die Leute stehen und lauschten seinen wunderschönen Tropfenklängen und viele begannen zu tanzen. Seitdem tanzt Dolfino an jedem Regentag durch die Straßen und Gassen der Stadt. Und jedes Mal klingt seine Melodie anders, denn immer wieder entdeckt er neue Tropfenklänge.

„Habt ihr heute schon die lustige Regenmelodie gehört?", rufen sich die Leute jetzt fröhlich einander zu. Und wenn ihnen ein Tropfen auf die Nase springt, dann lachen sie. Und du? Willst du die Regenmelodien auch einmal hören? Dann lauf hinaus, wenn die ersten Tropfen fallen, aber – pst! – du musst gut die Ohren spitzen.

Lied: „Wunderbare Tropfenklänge"
Auf die Melodie des Liedes: „Dolfino, der Regentänzer" (siehe S. 61)

Refrain: Kreuz und quer durch alle Gassen tanzen Leute – nicht zu fassen!
1. Wunderbare Tropfenklänge bringt Dolfino jetzt zum Klingen.
Refrain: Kreuz und quer durch alle Gassen tanzen Leute – nicht zu fassen!
2. Alle Leute freu'n sich sehr, keiner hat es eilig mehr.
Refrain: Kreuz und quer durch alle Gassen tanzen Leute – nicht zu fassen!
3. Alle Leute bleiben stehen. Wollen sich jetzt im Kreise drehen.
Refrain: Kreuz und quer durch alle Gassen tanzen Leute – nicht zu fassen!

Spieldurchführung: Die Kinder laufen während des Refrains kreuz und quer durch den Raum.
Während der Strophen wird folgendes gespielt:
1. Strophe: Sich langsam und mit Lauschgesten (abwechselnd am rechten und linken Ohr) durch den Raum bewegen.
2. Strophe: Sich gegenseitig die Hand geben und anlächeln.
3. Strophe: Die Kinder bilden einen Kreis und tanzen gemeinsam während des Refrains in einer Richtung.

Variante: An einige Kinder werden Holzinstrumente, wie kleine Rührtrommeln, Klanghölzchen und Metallinstrumente, wie Sen-plates, Fingerzimbeln, Triangel ausgeteilt. Die Kinder mit den Holzinstrumenten spielen zum Lied immer während des Refrains, die anderen Kinder zu den Strophen, während sich die restlichen Kinder dazu bewegen. Im Anschluss wird das Lied mit Rollentausch wiederholt.

Wahrnehmungsspiele Hören: Regentropfenklänge

Die Kinder stehen im Kreis. In der Mitte liegt für jedes Kind ein Instrument. In beliebiger Reihenfolge nennt jedes Kind seinen persönlichen Tropfennamen und holt sich dann aus der Kreismitte ein Instrument seiner Wahl.

Klangrunde: Die Kinder spielen immer der Reihe nach einmal einen Klang/Geräusch auf ihrem Instrument.
Variante: Dasselbe Spiel mit geschlossenen Augen durchführen.

Im Wald: Dieses Spiel simuliert das Tropfen der Regentropfen von Blättern im Wald. Ein oder zwei Kinder sitzen in der Kreismitte und schließen die Augen, um den Regentropfen im Wald zu lauschen. Ein Kind beginnt und spielt einem anderen einen Klang mit einer Bewegungsgeste zu. Das angespielte Kind spielt nun wiederum einem anderen beliebigen Kind im Kreis einen Klang zu. Dies wird solange durchgeführt, bis jedes Kind an der Reihe war. Rollenwechsel mit anderen lauschenden Kindern in der Kreismitte und Instrumententausch.

Der Regendirigent: Die Kinder stellen sich im Halbkreis auf. Ein Kind tritt vor und dirigiert mit Gesten laute und leise Regentropfen, viele und wenige Regentropfen, schnell und langsame Regentropfen. Rollenwechsel.

> **Praxistipp:** Schlüpfen Sie zuerst selbst in die Rolle des Dirigenten, damit die Kinder ein Vorbild haben, das sie nachahmen können.

Übergang: Die Kinder stehen mit ihren Instrumenten im Kreis und ahmen die Bewegungen der Spielleitung nach. Gemeinsam werden beliebige Klänge und Rhythmen gespielt. Dabei bewegen sie ihre Instrumente langsam von unten nach oben über ihre Köpfe. Dann legen alle gemeinsam und möglichst gleichzeitig ihre Instrumente in der Kreismitte ab.

Ausklang: Tanz mit Lied „Regentropfen" (siehe S. 64)
Alle Kinder stehen mit gefassten Händen im Kreis. Das Lied wird gesungen und zu den einzelnen Liedzeilen eine einfache Tanzform getanzt.
Beispiel:
1. Liedzeile: Im Grundschlag in Tanzrichtung gehen.
2. Liedzeile: In die Kreismitte hinein und hinaus.
3. Liedzeile: Im Liedrhythmus auf den Kopf tippen.
4. Liedzeile: Im Liedrhythmus über den Körper nach unten wischen und bei „Pflitscherpflatscher ..." mit den Handflächen auf den Boden patschen.

Spielangebote 3 bis 5
Siehe unter „Das Musikprojekt auf einen Blick", S. 56

Singspiel „Dolfino, der Regentänzer"

Bei einer Aufführung mit einer Gruppenstärke von 20 bis 25 Kindern wird der Ablauf so modifiziert, dass die Regentropfen keine Instrumente haben, sondern eine Gruppe mit Instrumentalisten in entsprechender Weise an den Stellen spielt. Ebenso lässt Dolfino die Frage an die Regentropfen (siehe 3. Spielszene: Klingende Tropfen) „Wie klingst du, kleiner Regentropfen?", weg.

Bühnenbild: Die Bühne wird mit Klebestreifen oder Seilen vom Zuschauerraum abgegrenzt. Die Bühnenwände können mit blauen Tüchern o. Ä. abgehängt werden. Die Spielleitung malt mit den Kindern im Vorfeld Tropfen in verschiedenen Größen und blauen Farbvarianten, die dann an den Wänden befestigt werden. Falls in der Einrichtung eine große Zimmerpflanze vorhanden ist, kann diese als Baum durch den farblichen Kontrast und das Miteinbeziehen in die Handlung (Dolfino sammelt pantomimisch an der Pflanze Tropfen) das Bühnenbild beleben.

1. Intro: „Es regnet!"
Alle Kinder (Regentropfen und Dolfino) laufen auf die Bühne und begleiten sich mit den Instrumenten im Laufrhythmus dazu (leichtfüßig als Regentropfen herumhüpfen und springen).
Sprecher: „Sehr verehrtes Publikum! Liebe Kinder! Heute stellen wir euch die Geschichte vom ‚Dolfino, dem Regentänzer' vor."

2. Lied: „Dolfino, der Regentänzer"

(Variante mit Instrumenten, siehe S. 62, ohne Rollentausch)

Dabei hüpft und bewegt sich Dolfino in entsprechender Weise des Liedtextes mit seinem Zauberstab dazu.

3. Klingende Tropfen

Dolfino geht umher und fragt jeden einzelnen Regentropfen:

Dolfino: „Wie klingst du, kleiner Regentropfen?"

Daraufhin spielt das Kind oder ein Instrumentalist auf seinem Instrument. Das Kind bewegt sich etwas auf dem Platz dazu.

Dolfino:„Wie heißt du, kleiner Regentropfen?"

Das Kind sagt seinen Regentropfennamen, wie Plitsch, Dong, Ticki etc.

4. Dolfino sammelt Regentropfen ein

Dolfino: „Ich sammle jetzt die Tropfen ein, denn Regentropfen klingen fein."

Dolfino sammelt die Regentropfen ein, indem er sie an die Hand nimmt und im Kreis aufstellt. Dabei wiederholt er immer wieder den folgenden Reim:

Dolfino: „Kleiner, kleiner Tropfenklang, gehe mit mir hier entlang."

Ist er fertig, zeigt er dabei auf den Kreis mit Regentropfen und stellt sich in die Kreismitte.

5. Tropfenklangspiel

Mit dem Zauberstab tippt Dolfino jedes Kind an und spricht dabei den folgenden Reim:

Dolfino: „Zauberstab in meiner Hand, mach Musik im Regenland!"

Die Kinder sprechen dann ihren Tropfennamen mehrmals hintereinander laut und begleiten sich dabei auf ihrem Instrument – oder werden (bei einer großen Gruppe) von einem Instrumentalisten dazu begleitet.

6. Tanz mit Lied: „Regentropfen"

(das Lied, siehe S. 64, wird zweimal gesungen und gespielt)

Die Regentropfen bleiben im Kreis stehen. Dolfino geht in die Mitte und tanzt mit dem Zauberstab, während die Regentropfen das Lied singen, bewegen und sich mit ihren Instrumenten dazu begleiten (oder begleitet werden).

1. Liedzeile: „Tripp-tropp-trippe-tropp, trippe-trippe, tropp-tropp."
Im Grundschlag in Tanzrichtung gehen und auf den Instrumenten spielen.
2. Liedzeile: „ Plisch-platsch-plitsche-platsch, plitsche-plitsche-platsch-platsch."
In die Kreismitte hinein und hinausgehen. Dabei im Grundschlag auf den Instrumenten spielen.
3. Liedzeile: „Tripp-tropp-trippe-tropp, trippe-trippe, tropp-trop."
Im Grundschlag gegen die Tanzrichtung gehen.
4. Liedzeile: „Pling-plong-plenge-plong, pflitscher-pflatscher-pflitscher."
Die Instrumente über den Kopf halten und im Grundschlag spielen. Nun langsam die Instrumente nach unten zur Kreismitte führen. Nach der Wiederholung dort ablegen.
Sprecher: „Tropfenklänge – kling-klong-klang – tönen in der Stadt entlang.
Leute bleiben alle stehen – wollen sich im Tanze drehen."

7. Lied: „Dolfino, der Regentänzer" (Variante)

Das Lied (siehe S. 61) singen, dabei holen sich die Regentropfen Kinder und Eltern aus dem Publikum und tanzen und singen zum Lied mit ihnen.
Refrain: Kreuz und quer durch alle Gassen tanzen Leute – nicht zu fassen!
1. Wunderbare Tropfenklänge bringt Dolfino jetzt zum Klingen.
Refrain: Kreuz und quer durch alle Gassen tanzen Leute – nicht zu fassen!
2. Alle Leute freu'n sich sehr, keiner hat es eilig mehr.
Refrain: Kreuz und quer durch alle Gassen tanzen Leute – nicht zu fassen!
3. Alle Leute bleiben stehen. Woll'n sich jetzt im Kreise drehen.
Refrain: Kreuz und quer durch alle Gassen tanzen Leute – nicht zu fassen!
Die Zuschauer gehen im Anschluss wieder auf ihren Platz.

8. Regentropfen sickern in die Erde

Sprecher: „Die Erde braucht das kühle Nass, denn nur dann gedeiht etwas.
Auch die Wolken und der Wind, brauchen Wasser ganz geschwind."
Die Regentropfen stehen nun verteilt auf der Bühne und spielen auf ihren Instrumenten. Jeder Tropfen hört auf zu klingen, wenn Dolfino ihn mit dem Zauberstab berührt, und sinkt langsam zu Boden.

9. Abschluss mit Refrain des Liedes: „Dolfino, der Regentänzer"

Der Refrain „Kreuz und quer durch alle Gassen tanzt Dolfino nicht zu fassen" wird mehrmals wiederholt und Dolfino hüpft zwischen den am Boden liegenden Regentropfen umher. Dabei werden die Regentropfen von Dolfino mit dem Zauberstab angetippt, damit sie aufstehen. Die Darsteller formieren sich zu einem Halbkreis.

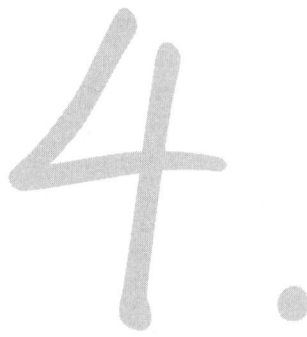

Kinder lieben Tiergeschichten, Tierlaute und das Nachahmen von Tieren. Im Rollenspiel kann ein Kind gefährlich wie ein Krokodil oder ganz verschmust wie eine Katze
sein. Noahs Arche gibt den Kindern vielfältige Ausdrucksmöglichkeiten und zwar mit
beliebig vielen Tierpaaren und Tiergattungen. Die Geschichte von Noahs Weitsicht
und Durchhaltevermögen besitzt zusätzlich noch viel Aussagekraft.

NOAH
UND DIE TIERE
AUF DER ARCHE

Das Musikprojekt auf einen Blick

Die beiden Lieder „Noah" und „Die Tiere der Arche", auf denen das Musikprojekt basiert, sind einfach und wiederholen sich abwechselnd im gleichbleibenden Ablauf der Aufführungsstruktur.

1. Spielangebot:
Einstimmung durch das Nachspielen von Tieren. Erzählen der biblischen Geschichte. Singen der Lieder.

2. Spielangebot:
Spielerisches Erarbeiten des Singspiels mit wechselnden Rollen innerhalb eines methodisch-didaktischen Rahmens mit Einstimmung und Ausklang.

3. Spielangebot:
Spielerisches Erarbeiten des Singspiels mit wechselnden Rollen innerhalb eines methodisch-didaktischen Rahmens mit Einstimmung und Ausklang. Danach Festlegung der Rollen und einmaliges Durchspielen in dieser Besetzung.

4. Spielangebot:
Generalprobe mit festgelegten Rollen.

Singspiel: „Noah und die Tiere auf der Arche" in 6 Spielszenen

1. Einstimmung des Publikums
2. Noah baut die Arch
3. Die Tiere kommen auf die Arche
4. Auf der Arche
5. Die Tiere verlassen die Arche
6. Ausklang: Ein neues Leben beginnt

Dauer: ca. 12 Minuten
Anzahl der Kinder: 15 bis 25 Kinder
Alter der Kinder: 4 bis 7 Jahre

Rollen: Noah, Tierpaare (mindestens acht Kinder), Instrumentalisten (mindestens drei), Sonne, Regentropfen (mindestens drei Kinder), sie schwingen am Schluss ebenfalls den Regenbogen

Verkleidung:
- Noah: Umhang, Hut und Stab, eventuell künstlichen Kinnbart
- Tierpaare: nach Belieben verkleiden und schminken
- Regentropfen: blau oder dunkel angezogen, das Gesicht in Blautönen anmalen
- Sonne: gelbe, helle Kleidung, einen Sonnenstrahlenkranz aus Krepppapier, Pappe oder gelben Chiffontüchern, Schminke oder auch eine „Sonnen"-Maske sieht sehr eindrucksvoll aus

Materialien:
- Arche: bei einer einfachen Ausführung reichen zur Abgrenzung der Bootswände Seile. Einem Archeaufbau in einer aufwändigeren Inszenierung sind keine Grenzen gesetzt.
- Regenbogen: verschiedenfarbiges Krepppapier oder Schwungbänder, ca. 3 1/2 bis 4 m lang
- Regen: blaue Chiffontücher
- Stofftiere für das Spielangebot
- Seile

Instrumente für die Kinder: je nach Kinderzahl Ocean-Drum, Rain-maker, Trommeln, Spring-Drum, Becken, Zimbel, Klangbausteine in den Tönen f, c, g

Musikbegleitung: je nach Ressourcen und Fähigkeiten der Spielleitung und/oder des Teams können Instrumente wie Gitarre, Keyboard, Akkordeon, Flöten eingesetzt werden.

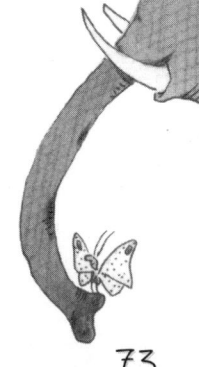

Spielangebote zum Musikprojekt

1. Spielangebot

Einstimmung und Ratespiel: Welches Tier ist denn hier?

Die Spielleitung hat im Vorfeld des Spielangebotes von verschiedenen Tierarten jeweils zwei Stofftiere, Handpuppen, Fingerpuppen etc. gesammelt. Es ist kein Problem, wenn die Pärchen von verschiedener Machart sind, da dies eine zusätzliche Wahrnehmungsaufgabe an die Kinder darstellt, die gleichen Tierarten herauszufinden.

In der Kreismitte liegen die Tierpärchen. Die Kinder suchen sich im Stillen eines der Tierarten aus. Nun beginnt ein Kind und ahmt charakteristische Bewegungen des von ihm ausgesuchten Tieres nach. Die anderen raten. Das Spiel so lange wiederholen, bis jedes Kind an der Reihe war.

Biblische Geschichte: „Arche Noah" Teil 1 (nacherzählt von Sabine Hirler)

Noah und seine Frau Naama lebten vor langer, langer Zeit. Die beiden hatten drei Söhne. Noah und Naama fügten Menschen und Tieren nichts Böses zu, redeten nicht falsch über andere und halfen allen, die in Not geraten waren.
Eines Tages, als Noah gerade betete, sprach Gott zu ihm: „Höre, Noah, du und deine Familie, ihr seid die einzigen Menschen auf der Erde, die ein gutes Leben führen. Ich sehe sonst nur Streit und Ungerechtigkeit. Deshalb habe ich beschlossen, alles Leben auf der Erde zu vernichten. Nur du und deine Familie, ihr sollt überleben. Baue eine Arche, baue sie so groß, dass von jedem Tier auf der Erde ein Männchen und ein Weibchen Platz hat, damit sie vor der großen Flut gerettet werden können."
Noah tat, was Gott ihm befohlen hatte. Er und seine Familie bauten ein riesiges Schiff. Es hatte viele Kammern und mehrere Stockwerke. Aber das Außergewöhnlichste war, dass es mitten auf dem Land stand. Noahs Nachbarn spotteten: „Wohin willst du mit deinem Schiff fahren, Noah? Weit und breit ist kein Meer. Du bist wohl verrückt geworden!"

Aber Noah ließ sich nicht beirren und baute weiter an der Arche. Als die Arche fertig war, füllte er viele Kammern mit Nahrung für die Tiere, für sich und seine Familie. Wieder sprach Gott zu Noah: „Der Tag der Sintflut naht. Führe die Tiere in die Arche, denn in sieben Tagen beginnt der große Regen." Nun kamen aus allen Himmelsrichtungen Tiere herbeigelaufen, gekrochen, geflogen und gehüpft. Von jeder Art kamen immer ein Männchen und ein Weibchen. Noah und Naama hatten große Mühe, alle in der Arche unterzubringen.

Ihre Nachbarn staunten darüber, dass Tiere, die sich sonst aus dem Weg gehen, friedlich hintereinander in die Arche zogen. Aber sie spotteten weiter: „Kommt jetzt dein großer Regen, Noah? Dann werden wir wohl alle bald weggeschwemmt!"

Und tatsächlich begann der große Regen am siebten Tag. Noah beeilte sich und holte die letzten Tiere in den sicheren Schutz der Arche. Hinter ihnen wurden die riesigen Türen geschlossen.

Es regnete ununterbrochen. Noahs Nachbarn verging bald das Lachen. Das Wasser drang in ihre Häuser ein und sie flüchteten auf die höchsten Berge. Doch das Wasser stieg und stieg immer höher. Schließlich begann Noahs Arche zu schwimmen. Es entstand ein großes Meer, das immer größer und größer wurde. Zuletzt versanken auch die höchsten Bergspitzen.

Und so kam es, dass Noah, seine Familie und die vielen Tiere über eine lange Zeit sicher auf ihrer Arche lebten. ...

Wahrnehmungsspiel Hören – Bewegen: Welches Tier kommt jetzt dran?

Jedes Kind nimmt sein Lieblingstier und bewegt sich damit zu den Fortbewegungsarten Gehen, Laufen, Hüpfen oder Galoppieren im Raum (die Spielleitung improvisiert z. B. auf Flöte, Trommel, Klangbausteinen). Ist die Musik zu Ende, bleiben alle Kinder mit ihrem Lieblingskuscheltier stehen und die Spielleitung tippt ein Kind an. Dieses legt nun sein Kuscheltier auf den Boden und bewegt sich pantomimisch in der charakteristischen Weise des Tieres. Den Ablauf wiederholen, bis jedes Kind an der Reihe war.

Praxistipp: Wenn die Gruppe relativ groß ist oder es aus gruppendynamischen Gründen sinnvoll erscheint, dann tippen Sie nacheinander mehrere Kinder an, bevor Sie erneut mit dem Spiel der Fortbewegungsarten beginnen.

Variante: Gemeinsam legen die Kinder mit Seilen den Umriss der Arche und der Rampe. Dann stellen sie die Tierpärchen hintereinander auf ihrem Weg in die Arche auf. Anschließend sucht sich jedes Kind im Stillen ein Tier aus. Dann Spieldurchführung wie oben „Welches Tier kommt jetzt dran?"

Biblische Geschichte: „Arche Noah" Teil 2

Noah stand auf dem Dach der Arche und schaute auf das Wasser, das sich in unendlicher Weite bis zum Horizont erstreckte. Er machte sich große Sorgen, denn wenn das Wasser nicht bald abfließen würde, dann hätten Mensch und Tier auf der Arche nicht mehr genügend zu essen. So betete Noah mit seiner Familie zu Gott, er möge doch das Wasser abfließen lassen. Und tatsächlich, Gott erhörte die Gebete! Noah sah plötzlich vor der Arche die Bergspitze des höchsten Berges, des Berges Ararat, aus dem Wasser auftauchen!

Ein heftiger Ruck erschütterte die Arche, als sie auf der Bergspitze des Ararat landete. Tiere und Menschen flogen durcheinander, doch alle waren froh, wieder festen Boden unter sich zu haben. Das Wasser floss immer weiter ab und Noah sandte eine Taube aus. Doch die Taube kam nach einiger Zeit zur Arche zurück, weil sie noch keinen Platz gefunden hatte, wo sie sich hätte ausruhen können. Noah wartete sieben Tage und sendete dann wieder die Taube aus. Dieses Mal kam sie mit einem kleinen grünen Zweig im Schnabel zurück. Noah war erleichtert, denn er wusste nun, dass die Natur wieder erblüht war. Nun konnte er die Tiere aus der Arche ziehen lassen. Als Erstes standen die größten Tiere am Tor, die Elefantenkuh mit dem Elefantenbullen. Sie begrüßten die neue Erde mit einem freudigen Tröten. Hinter den Elefanten zogen nun die anderen Tiere aus der Arche hinaus. Immer ein Männchen und ein Weibchen. Als sie den Berg Ararat hinabgestiegen waren, zerstreuten sich die Tiere in alle Himmelsrichtungen: die einen in die Wüste, die anderen ans Meer, wieder andere zogen in das ewige Eis. Doch die Tiere, die es gewöhnt waren, bei den Menschen zu leben, wie die Kühe, Pferde, Schweine, Hühner, Katzen und Hunde, blieben bei Noah und seiner Familie. Sie halfen ihnen, sich ein neues Zuhause zu errichten. Denn Noah konnte mit den Pferden die Felder umpflügen, auf denen dann das Korn wuchs, und die Kuh spendete kostbare Milch.

So lebten Noah und seine Familie glücklich und zufrieden, ohne Streit und Neid. Dankbar beteten die Menschen zu Gott, dass er sie so sicher geführt hatte. Alle Tiere jedoch, die Noah mit der Arche gerettet hatte, vermehrten sich und bald gab es wieder viele Tiere, die die Erde bevölkerten.

Eines Tages sahen Noah und seine Familie während des Betens einen wunderschönen Regenbogen, der sich über das neu erblühte Land spannte, und Gott sprach zu Noah: „Dieser Regenbogen ist das Zeichen meiner Verbundenheit mit den Menschen. Es wird keine Flut mehr über das Land kommen."

Spiellied: „Noah und die Tiere auf der Arche"
Die Spielleitung singt das Singspiel vor und animiert durch Wiederholungen die Kinder zum Mitsingen.

Varianten:
• Gemeinsam wird mit den Liedern die Handlung mit den Kuscheltieren und einer Noahpuppe nachgeahmt.
• Die Spielleitung singt und bewegt sich entsprechend der Rollen dazu. Die Kinder ahmen nach.

Ausklang:
Um die Arche mit den Kuscheltieren werden blaue Tücher als Meer gelegt.

Spielangebote 2 bis 4
Siehe unter „Das Musikprojekt auf einen Blick", S. 72

Singspiel: „Noah und die Tiere auf der Arche"

Bühnenbild: Die Tierpaare, Regentropfen und die Sonne warten an einer Seite der Bühne. Die Instrumentalisten haben auf der anderen Seite der Bühne ihren festen Platz.

1. Einstimmung des Publikums:
Das Publikum wartet vor dem Aufführungsraum. Die Spielleitung teilt an jeden Besucher einen Tiersticker oder ein Tierbildchen aus. Da es jeden Sticker/jedes Bildchen zweimal gibt, finden sich nun die jeweiligen „Tierpaare" zusammen und stellen sich zu zweit der Reihe nach vor der Tür auf. Dann wird die Tür geöffnet. Die Spielleitung fragt nun jedes „Tierpaar", welches Tier sie darstellen. Anschließend gehen die „Paare" an ihren Platz.

2. Noah baut die Arche

Lied: „Noah"

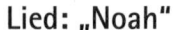

Der No - ah ist ein from - mer Mann, der

Mensch und Tier gut lei - den kann. Mit Frau und Kin - dern

lebt er dort, an ei - nem fer - nen hei - ßen Ort.

Gott sprach zu No - ah: „Schau dir an, was sich die Men-schen

an - ge - tan. Sie lü - gen, schla-gen und sie rau - ben und

nicht mehr an das Gut - te glau - ben.

A Der Noah ist ein frommer Mann,
der Mensch und Tier gut leiden kann.
Mit Frau und Kindern lebt er dort,
an einem fernen, heißen Ort.

*Noah kommt auf die Bühne und geht
umher. Er streichelt über die Köpfe
imaginärer Kinder oder von Kindern im
Publikum.*

B Gott sprach zu Noah: „Schau dir an, was sich die Menschen angetan. Sie lügen, schlagen und sie rauben und nicht mehr an das Gute glauben.

Noah bleibt stehen, hebt die Arme und schaut in den Himmel.

A So baue eine Arche nun, für Mensch und Tier, du darfst nicht ruhn! Denn es kommt bald die große Flut, und in der Arche lebt ihr gut."

Noah erschrickt.

B Die Worte Gottes noch im Ohr bereitet Noah alles vor. Und mitten auf dem trocknen Land, baut er die Arche in den Sand.

Noah baut (mit Seilen) die Arche. Er klopft und hämmert mit zwei Klanghölzchen auf imaginäres Holz oder auf den Boden.

3. Die Tiere kommen auf die Arche

Lied: „Die Tiere der Arche"

- Und von Ost, -West-, Süden, Norden, strömen Tiere nun in Horden.
- Jede Art ein Männchen, Weibchen. Du siehst Katzen und die Schwälbchen.
- Pferde, Tiger, Siebenschläfer, Pinguine, Schlangen, Käfer.*
- Elefanten und Giraffen. Auch die frechen, flinken Affen.
- Nashorn, Bison und die Kuh, alle kommen jetzt im Nu!

*Die Tiernamen der Kinder in diese Textzeile einfügen oder eine eigene texten.

Die Tierpaare bewegen sich auf je charakteristische Weise zur geöffneten Arche (zwei Seile als Rampe auf dem Boden legen) und gelangen während das Lied gesungen wird in die Arche hinein. Dort suchen sie sich einen Platz.

Liedbegleitung auf Klangbausteinen:
Im Tempo der Musik spielt ein Kind die ersten zwei Takte auf den Tönen f und c und während der Takte drei und vier auf den Tönen c und g.

4. Auf der Arche

Lied: „Noah"

A

Es reg-net oh-ne Un-ter-lass,___ das
Land, die Ar-che wer-den nass.___ Es blizt und don-nert
im-mer-zu.___ und No-ah macht die Ar-che zu.___

Die gro-ße Flut kommt an-ge-rauscht__ und je-des Tier nach drau-ßen lauscht.__ Die Ar-che schau-kelt hin und her.__ Die Tie-re fürch-ten sich so sehr!__

A Es regnet ohne Unterlass,
das Land, die Arche werden nass.
Es blitzt und donnert immerzu
und Noah macht die Arche zu.

*Die Regentropfen laufen um die Arche herum.
Rain-maker und Ocean-Drum erklingen leise.
Das Becken „blitzt" und die Trommel
oder Spring-drum donnert.*

B Die große Flut kommt angerauscht
und jedes Tier nach draußen lauscht.

Die Arche schaukelt hin und her.
Die Tiere fürchten sich so sehr!

*Rain-maker und Ocean-Drum erklingen lauter.
Tiere schauen ängstlich. Die Regentropfen
wirbeln mit Tüchern umher.
Tiere machen Schaukelbewegungen
und halten sich aneinander fest.*

A Die Tiere ruhen sich jetzt aus,

und schauen aus den Luken raus.

Die Tage, Wochen nun vergehen,
noch immer ist kein Land zu sehn.

*Einige Tiere legen sich hin, andere
schauen aus der Arche und umher.
Noah streichelt und füttert sie mit imagi-
närem Futter.
Noah geht umher und macht Schaugesten
in verschiedene Richtungen*

B Berg Ararat ragt aus der Flut.
Die Arche schützt die Tiere gut.
Denn auf dem Gipfel sitzt sie fest,

so wie ein großes Vogelnest.

*Direkt nach „fest" ein kräftiger Schlag
auf der Trommel.
Die Tiere halten sich aneinander fest.*

5. Die Tiere verlassen die Arche

Lied: „Die Tiere auf der Arche"

- Auf die Arche brennt die Sonne,
  das ist wirklich keine Wonne.
- Doch das Wasser läuft jetzt ab,
  von dem Berge Ararat.
- Und nach vielen, heißen Tagen,
  kann es Noah endlich wagen;
- macht die Arche wieder auf,
  lässt den Tieren freien Lauf.
- Und nach Ost-, West-, Süden, Norden,
  strömen Tiere nun in Horden.
- Jede Art ein Männchen – Weibchen.
  Du siehst Katzen und die Schwälbchen,
- Pferde, Tiger, Siebenschläfer,
  Pinguine, Schlangen, Käfer*,
- Elefanten und Giraffen.
  Auch die frechen, flinken Affen,
- Nashorn, Bison und die Kuh,
  alle laufen weg im Nu!

Die Sonne geht mit ausgebreiteten Armen um die Arche umher.
Die Regentropfen werden immer kleiner und kriechen an den Rand der Bühne.
Noah öffnet die Arche.

Die Tierpaare bewegen sich auf charakteristische Weise aus der Arche.
Die Tiere bewegen sich in verschiedene Richtungen. Noah steht am Tor der Arche und verabschiedet sich von den Tieren, indem er ihnen freundlich zunickt oder kurz beim Vorüberziehen über den Kopf oder Rücken streichelt.

Liedbegleitung auf Klangbausteinen:

Im Tempo der Musik spielt ein Kind die ersten zwei Takte auf den Tönen f und c und während der Takte drei und vier auf den Tönen c und g.

---

*Die Tiernamen der Kinder in diese Textzeile einfügen oder eine eigene texten.

6. Ausklang: Ein neues Leben beginnt

Lied: „Noah" (siehe S. 80)

A Der Noah ist ein frommer Mann,
der Mensch und Tier gut leiden kann.
Ein Regenbogen, wunderschön,

von Gott geschickt, ist nun zu sehen.

B Gott sprach: „Noah, bist du bereit?
Denn nun beginnt die gute Zeit.
Es kommt nie mehr der große Regen,
denn alle haben meinen Segen!"

A Der Noah ist ein frommer Mann,
der Mensch und Tier gut leiden kann.
Mit Frau und Kindern lebt er dort,
an diesem segensreichen Ort.

Noah winkt den Tieren nach.

*Zwei Kinder (Regentropfen) schwingen
den Regenbogen über die Bühne.
Gleichzeitig erklingt das Becken.*

*Noah bleibt stehen, hebt die Arme
und schaut in den Himmel.*

*Alle Mitwirkenden kommen auf die
Bühne, halten sich an der Hand und
gehen zum Lied im Kreis herum.*

Die letzte Strophe kann mehrmals wiederholt werden.

Das Musikprojekt „Maya Sonnenschein" eignet sich besonders für die Sommerzeit. Im Mittelpunkt steht der Sonnenstrahl Maya Sonnenschein. Maya vergisst beim Spielen mit dem Schmetterling Joscha, mit ihrer „Sonnenmama" unterzugehen. Maya und Joscha machen sich auf die Suche nach der Sonne und Maya erlebt zum ersten Mal, von ihrer Mutter getrennt und auf sich allein gestellt zu sein. „Maya Sonnenschein" vermittelt den Kindern spielerisch die psychologisch-pädagogische Komponente des Themas „ohne Mama/Papa sein, Angst haben, Verlassen werden". Intensive Emotionen werden von den Kindern während des Musikprojektes durchlebt. Durch das Rollenspiel wird den Kindern auf ganzheitliche Weise ermöglicht, ihre Emotionen zu kanalisieren und auf einer kindgemäßen Ebene zu reflektieren und zu verarbeiten.

MAYA
SONNENSCHEIN

Das Musikprojekt auf einen Blick

1. und 2. Spielangebot:
Ganzheitliches Erleben und Spielen der Geschichte durch vielfältige Spielformen.

3. Spielangebot:
Ganzheitliches Erleben und Spielen der Geschichte durch vielfältige Spielformen. Spielerisches Erarbeiten des Singspieles mit wechselnden Rollen innerhalb eines methodisch-didaktischen Rahmens mit Einstimmung und Ausklang.

4. Spielangebot:
Spielerisches Erarbeiten des Singspiels mit wechselnden Rollen innerhalb eines methodisch-didaktischen Rahmens mit Einstimmung und Ausklang. Danach Festlegung der Rollen und einmaliges Durchspielen in dieser Besetzung.

5. Spielangebot:
Generalprobe mit festgelegten Rollen.

Singspiel: „Maya Sonnenschein du bist nicht allein" in Liedform

• Einstimmung und Begrüßung des Publikums
• 1. Teil mit Lied: „Maya Sonnenschein, du bist nicht allein" (Strophen 1 bis 4)
• Zwischenteil mit Lied: „Mause-, Mause-, Mausezahn" (1. Strophe)
• 2. Teil mit Lied: „Maya Sonnenschein, du bist nicht allein" (Strophen 5 bis 8)

Dauer: ca. 15 Minuten
Anzahl der Kinder: 15 bis 25 Kinder
Alter der Kinder: 4 bis 7 Jahre

Rollen: Maya Sonnenschein, Schmetterling Joscha, Sonne, Glockenblumen (mindestens vier), Mäuse (mindestens drei), Apfelbaum, Daniel Dachs, Kira Sonnenschein, Instrumentalisten (mindestens zwei).

Verkleidung:
- Maya Sonnenschein: Helle, gelbe Kleidung, aus gelb-orangenen Chiffontüchern einen Kragen machen, Gesicht gelb schminken.
- Schmetterling Joscha: zwei Seidentücher als Flügel, Fühler aus Pfeifenputzern und Haarreif.
- Sonne: Gelbe, helle Kleidung, Sonnenkranz aus Pappe auf dem Kopf oder um das Gesicht.
- Glockenblumen: Grüne Kleidung, in den Händen blaue Tücher, die bei Sonnenlicht nach oben gestreckt werden, die Hände werden dabei langsam geöffnet.
- Mäuse: grau-blaue Kleidung, Mäusebärtchen, Mäuseohren.
- Apfelbaum: Kind steht auf einem niedrigen Tisch oder Podest und wird als Baum verkleidet. Äpfel aus Karton oder Plastik werden an der Kleidung angebracht (getackert). Der Baum hält einen roten Weichgummiball als Apfel in der Hand, der Maya auf den Kopf fällt. Um den Baum liegen einige Äpfel (Bälle) für die Mäuse.
- Daniel Dachs: schwarz-weiße Kleidung, das Gesicht weiß schminken, mit schwarzen Streifen.
- Kira Sonnenschein: wie Maya.

Materialien für die Spielangebote: gelbe Chiffontücher, bunte Tücher als Schmetterlingsflügel, kleine rote Bälle, Bild/Illustration Sonne, blaue Tücher für die Glockenblumen.

Instrumente für die Kinder: je nach Umsetzungsform und Kinderzahl Metallophon-Klangbausteine, Sen-plates, Zimbeln, Triangel, Chime/Windspiel, Rain-maker, Becken.

Musikbegleitung: je nach Ressourcen und Fähigkeiten der Spielleitung und/oder des Teams können Instrumente wie Gitarre, Keyboard, Akkordeon, Flöten eingesetzt werden.

Spielangebote zum Musikprojekt

1. Spielangebot

Begrüßung und thematische Einstimmung

Die Spielleitung zeigt den Kindern eine Illustration, ein Foto oder ein Bild, auf dem eine Sonne zu sehen ist. Gemeinsam wird über die Wirkung der Sonne gesprochen (warm, heiß, ohne sie wachsen keine Pflanzen etc.). Anschließend schließen die Kinder die Augen und die Spielleitung legt über den Kopf jedes Kindes ein gelbes Chiffontuch. Auf einen Klang mit dem Triangel öffnen die Kinder die Augen.

Wahrnehmungsspiel Hören – Bewegen: Sonnenstrahlen

Die Spielleitung improvisiert auf Klangbausteinen (z. B. die Töne d1, a1, d2) zu den Fortbewegungsarten Gehen und Laufen. Die Kinder bewegen sich mit ihren Tüchern im entsprechenden Tempo als schnelle oder langsame Sonnenstrahlen.

Lied: „Liebe Sonne, scheine!"

Das Lied wird gesungen und dabei mit dem gelben Chiffontuch (symbolisiert den Sonnenstrahl) die entsprechenden Körperteile berührt.

Liebe Sonne, scheine!	*Das Tuch wird über dem Kopf hin und her-bewegt.*
Schein auf meine Beine.	*Jedes Kind berührt mit dem Tuch seine Beine.*
Schein auf meine Arme. (Schein auf meine ... Nase, Zehen usw.)*	*... berührt seine Arme*
Schein in mein Gesicht –	*Das Tuch über das Gesicht legen.*
doch du blendest mich!	*Das Tuch wegnehmen.*
Schein auf meinen Bauch.	*Das Tuch auf den Bauch legen.*
Ja, das mag ich auch.	*Sich den Bauch reiben.*
Scheine doch den ganzen Tag,	
weil ich das am liebsten mag!	*Das Tuch hochwerfen und auffangen.*

Geschichte „Maya Sonnenschein, du bist nicht allein":

Die Sonne geht unter. Es wird langsam dunkel und Schmetterling Joscha ist müde. Er hat den ganzen Tag nach Nektar in den Blüten gesucht und mit Maya Sonnenschein, einem kleinen Sonnenstrahl, gespielt. Er schläft ein, doch plötzlich wird er wieder aufgeweckt. Joscha öffnet die Augen und staunt! Ringsumher ist alles so hell erleuchtet, als ob die Sonne gerade wieder auf gegangen wäre. In diesem hellen Licht erkennt er Maya, die in der Dunkelheit so hell strahlt, als wäre sie eine kleine Sonne.
„Hallo Maya!", ruft er, „Was machst du denn noch hier?" Maya Sonnenschein schluchzt traurig. „I- ich habe meine Mutter, die liebe Sonne, verpasst!" „Soll ich dir helfen, sie zu suchen?", ruft Joscha, um Maya zu trösten.
Maya Sonnenscheins Gesicht beginnt nun vor Freude so hell zu leuchten, dass sich Joscha die Augen zuhalten muss. „Das würdest du machen?", ruft sie und springt auf.
„Schau, da hinten ist gerade die Sonne untergegangen. Komm, wir suchen sie dort", meint Joscha. „Ja, das machen wir!", ruft Maya erleichtert.
Maya Sonnenstrahl geht über die Blumenwiese und Joscha fliegt neben ihr her. Dabei geschieht etwas Wunderschönes, Joscha glaubt zu träumen! Jede

---

* Die Verse können beliebig mit den Ideen der Kinder wiederholt werden.
  Die Kinder rufen spontan ein Körperteil, wie z. B. Nase, Zehen ...

Glockenblume, an der Maya vorübergeht, beginnt ihre Blütenkelche zu öffnen. Die Blumen glauben, dass Maya die Sonne ist, die wieder scheint.

Unter einem Apfelbaum bleibt Maya schließlich stehen. „Ich sehe meine Mutter immer noch nicht. Meinst du, wir sind hier richtig?", fragt sie Joscha den Schmetterling. Doch da macht es plötzlich „Platsch!" und ein reifer Apfel fällt auf den Kopf von Maya Sonnenschein. „Autsch!", ruft sie. „Das ist ja richtig gefährlich hier." Da bemerkt sie, dass es an ihren Füßen raschelt. Viele kleine Mäuse machen sich über den leckeren Apfel her. „Piep, piep. Es ist schon wieder Tag!", piepst eine Maus. „Und so leckeres Fressen! Piep, piep!"

„Das ist nicht die Sonne, die hier so hell scheint", ruft Joscha den Mäusen zu. „sondern Maya Sonnenschein!" Verdutzt schauen die Mäuse nach oben und erschrecken sehr vor Maya. „Piiieeep!" piepsen sie. „So etwas haben wir ja noch nie gesehen – schnell weg!"

Maya wird wieder traurig. Zuerst verliert sie ihre Mutter aus den Augen, dann fällt ihr ein Apfel auf den Kopf und schließlich flüchten vor ihr sogar die kleinen Mäuse aus lauter Angst. Es ist wirklich nicht schön, im Dunkeln alleine zu sein. Aber zum Glück ist ihr Freund Joscha da. „Wir werden deine Mutter schon finden", tröstet er Maya. „Schau, da hinten ist die Sonne untergegangen!", ruft Joscha und Maya läuft in den nahen Wald, über dem in der Dämmerung rosarote Wolken schweben.

Als sie in den Wald kommen, begegnet ihnen ein großes schwarz-weiß gestreiftes Tier. Es ist Dachs Daniel auf der Futtersuche. Joscha hat ein bisschen Angst, denn was ihm sein Freund, der Igel Kasimir über den Dachs erzählt hat, war nicht nur Gutes. Doch selbst Daniel Dachs erschrickt vor Maya, weil er noch nie einen Sonnenstrahl im Dunkeln gesehen hat. „Ich suche meine Mutter, die liebe Sonne. Hast du sie gesehen?", fragt ihn Maya hoffnungsvoll. „Iiich?", antwortet Daniel möglichst harmlos und tut so, als ob er nachdenken müsste. Doch in Wirklichkeit heckt er einen Streich aus. ...

Darstellendes Spiel und Wahrnehmungsspiel: Maya geht über die Blumenwiese
Ein Kind spielt Maya Sonnenschein und wird mit gelben Tüchern als Sonnenstrahl verkleidet. Die anderen Kinder erhalten jeweils ein Metallinstrument, wie Zimbel, Becken, Triangel oder Sen-plates und ein buntes Tuch als Blüte. Sie verteilen sich im Raum und gehen als schlafende Glockenblumen in die Hocke. Wenn Maya langsam an den Glockenblumen vorübergeht, beginnen die „Glockenblumen"-Darsteller jeweils auf ihrem Instrument zu spielen und erheben sich dabei langsam aus der Hocke.

Ist Maya vorübergegangen, hören sie jeweils langsam auf zu spielen und setzten sich wieder in die Hocke. Wiederholung mit Rollenwechsel.

Fortsetzung der Geschichte „Maya Sonnenschein, du bist nicht allein":
„Ich glaube, ich kann dich zu deiner Mutter bringen", meint schließlich Daniel Dachs geheimnisvoll. „Mein Dachsbau hat so lange Gänge, dass du am anderen Ende der Welt herauskommst. Und dort finden wir deine Mutter bestimmt!" Maya ist so begeistert von Daniels Vorschlag, dass sie ohne zu überlegen in den Dachsbau schlüpft. „Tu es nicht!", ruft ihr Schmetterling Joscha hinterher, „Frechdachs Daniel führt dich bestimmt an der Nase herum!" Doch es ist zu spät. Traurig sieht Joscha das letzte Funkeln Mayas aus dem Dachsbau. Dann ist es dunkel. Verzweifelt setzt sich Joscha auf ein Blatt und wartet ungeduldig darauf, dass die Sonne aufgeht.
In der Zwischenzeit führt Dachs Daniel die kleine Maya immer tiefer und tiefer in seinen Dachsbau hinein. Daniel Dachs hat viele Gänge in die Erde gebuddelt, die kreuz und quer zusammenlaufen, so dass Maya nicht mehr weiß, aus welcher Richtung sie mit Daniel Dachs gekommen ist. Schließlich kommen sie in eine große Höhle. „Wo ist denn jetzt meine Mutter?", fragt Maya ungeduldig. „Ha-ha-ha!", fängt Daniel Dachs plötzlich voller Schadenfreude zu lachen an. „Deine Mutter wirst du nie mehr wieder sehen! Jetzt bleibst du für immer in meinem dunklen Dachsbau und gibst mir das Licht, das ich hier brauche! Aus dem Dachsbau findest du sowieso nie mehr heraus!", ruft Daniel Dachs und verschwindet im Gewirr der dunklen Gänge, um auf Futtersuche zu gehen. Einsam und mutterseelenallein bleibt Maya in der Erdhöhle zurück. Sie ärgert sich jetzt, dass sie auf das Rufen von Schmetterling Joscha nicht gehört hat. „Das hab ich jetzt davon!", ruft sie und fängt plötzlich vor lauter Verzweiflung an zu weinen.
Die Sonne geht auf und Schmetterling Joscha fliegt eilig in den Himmel. Er ruft: „Guten Morgen liebe Sonne! Hörst du mich?" „Ja, kleiner Schmetterling", antwortet sie, „was willst du?" „Deine Tochter Maya Sonnenschein sucht dich", ruft Joscha. „Das stimmt! Als ich unterging", antwortet die Sonne, „habe ich Maya gerufen, aber Maya war nirgends zu finden." „Ich weiß, wo sie steckt", ruft der Schmetterling aufgeregt. „Der Frechdachs Daniel hat sie in seinen Dachsbau gelockt und sie findet nicht mehr heraus!" „Zeig mir, wo der Dachsbau ist", bittet ihn die Sonne. „Vielleicht haben wir Glück und wir finden eine Erdspalte. Dann kann Mayas Schwester Kira hineinschlüpfen und die kleine Maya retten!"

Joscha fliegt zum Eingang des Dachsbaues. Die Sonne tastet mit ihren Sonnenstrahlen alles rings umher ab. Doch nirgendwo findet sie einen kleinen Wurzelspalt im Waldboden, durch den sie in den Dachsbau hätte scheinen können. Aber die Sonne gibt nicht auf. Zur Mittagszeit, als die Sonne hoch am Himmel steht und am stärksten scheint, findet sie eine winzig kleine Spalte im Erdboden. Sie schickt Mayas Schwester Kira Sonnenschein hinein. Kira quetscht sich durch die Erdspalte und steht in einem der dunklen Gänge des Fuchsbaus. Sie ruft: „Maya, wo bist du?" Als Maya die Stimme ihrer Schwester hört, kann sie ihr Glück kaum glauben und antwortet voller Freude. „Hier bin ich – ich komme!", und folgt dem Licht Kiras, dessen Schimmern in der Dunkelheit der Erdgänge zu erkennen ist. Glücklich schließen sich die Schwestern in die Arme und quetschen sich rasch durch die Erdspalte aus dem Dachsbau hinaus, bevor Daniel Dachs etwas davon merkt. Die Sonne wartet draußen schon ungeduldig. Als sie Maya erblickt, umarmt sie Maya glücklich mit ihren vielen Sonnenstrahlen. Joscha fliegt erleichtert zu Maya. Maya streichelt ihn zart an seinen Schmetterlingsfühlern. „Ich habe nicht auf dich gehört und deswegen mit Dachs Daniel Schreckliches erlebt!", flüstert sie ihm ins Ohr. „Er wollte mich in seinem dunklen Dachsbau einsperren, damit er dort immer ein Licht hat. Aber heute Nacht habe ich gelernt, nicht jedem zu trauen. Und ohne dich hätte die liebe Sonne nie erfahren, wo ich gesteckt habe. Aber nun bin ich wieder frei. Vielen Dank mein lieber kleiner Freund!", ruft sie und tanzt fröhlich mit Joscha und ihrer Schwester Kira im warmen Sommerwind über die Blumenwiese.

2. Spielangebot

Einstimmung mit dem Lied: „Liebe Sonne scheine"
Siehe 1. Spielangebot, S. 88

Wahrnehmungsspiel Hören – Bewegen: Sonnenstrahlen
Die Spielleitung improvisiert auf Klangbausteinen (z. B. die Töne d1, a1, d2) zu den Fortbewegungsarten Gehen und Laufen. Die Kinder bewegen sich mit ihren Tüchern im entsprechenden Tempo als schnelle oder langsame Sonnenstrahlen.
Variante: Ist die Musik zu Ende, spielt ein Kind ein Tremolo auf einem Triangel. Das bedeutet für die anderen Kinder, dass sie ihr gelbes Tuch in die Luft werfen und wieder auffangen.
Mehrmals mit Rollenwechsel des Instrumentalisten wiederholen.

Variante: Die Kinder sind Tiere im Wald und bewegen sich zu den Fortbewegungsarten der Spielleitung. Endet die Musik, bleiben alle Tiere stehen und schließen die Augen, denn Nebel ist aufgezogen. Nun spielt die Spielleitung mit einem Chime oder Windspiel „Sonnenklänge" und die Tiere folgen mit geschlossenen Augen dem Klang, da dort, wo die Sonne scheint, sich der Nebel schon aufgelöst hat. Wiederholen mit wechselnden Instrumentalisten, die das Windspiel an entsprechender Stelle spielen.

Wahrnehmungsspiel Spüren – Tasten: Unterm Apfelbaum

Die Kinder sitzen auf dem Boden und die Spielleitung erzählt mit den Kindern noch einmal die Geschichte von Maya Sonnenschein nach. Dann legen sich alle Kinder auf den Boden und schließen die Augen. Die Spielleitung lässt nun auf jedes Kind einen kleinen Ball fallen (natürlich nur aus einer Höhe, die dem Kind nicht weh tut!). Die Kinder raten, in welchem Teil der Geschichte etwas Ähnliches passiert ist.

Lied: „Mause-, Mause-, Mausezahn"

1. Mau - se-; Mau - se-; Mau - se - zahn! Knab - bert je - den A - pfel an! Und wir knab - bern al - le lei - se an der gu - ten A - pfel - spei - se! knib - bel, knabb, knib - bel, knabb. Und schon ist der A - pfel ab.

Die Kinder setzen sich auf und nehmen einen Ball als Essen (Apfel, Schinken) in eine Hand. In einer Ecke des Raumes wird ein Mauseloch mit Seilen, Tunnel, Tüchern etc. gebaut. Nun wird das Lied „Mause-, Mause-, Mausezahn" gesungen und die Mäuse laufen aus dem Mauseloch heraus. Sie führen dazu folgende Bewegungen aus:

1. Mause-, Mause-, Mausezahn!   *Am Apfel „knabbern".*
Knabbert jeden Apfel an!
Und wir knabbern alle leise,
an der guten Apfelspeise!
Knibbel-knabb, knibbel-knabb,
und schon ist der Apfel ab.

2. Mause-, Mause-, Mausezahn!   *Am Schinken „knabbern".*
Knabbert jetzt den Schinken an!
Ist die Katz' auf einer Reise,   *In das Mauseloch tippeln.*
huschen wir ganz flink und leise.
Husch und weg, husch und weg,
klauen wir der Katz' den Speck!

Spiellied: „Maya Sonnenschein du bist nicht allein"
Die Spielleitung singt das Singspiel vor und animiert durch Wiederholungen die Kinder zum Mitsingen.

Varianten: Das Spiellied wird spielerisch mit einigen wenigen Verkleidungsutensilien, wie gelbe, blaue und bunte Chiffontücher für Sonne, Sonnenstrahlen, Glockenblumen und Schmetterling durchgeführt. Die Zwischenmusiken, wie Tanzmusik für Maya und Joscha, Nachtmusik, wird von der Spielleitung z. B. auf Klangbausteinen (z. B. Töne c, d, e, g, a) improvisiert.

Ausklang:
Die Kinder liegen auf dem Boden und die Spielleitung improvisiert auf Klangbausteinen eine ruhige Melodie.

Spielangebote 3 bis 5
Siehe unter „Das Musikprojekt auf einen Blick", S. 86

Singspiel „Maya Sonnenschein, du bist nicht allein"

Bühnenbild: Auf der Bühne stehen die Darsteller der Glockenblumen, wie auf einer Blumenwiese verteilt. Am Rand steht ein Kind als Apfelbaum verkleidet. Auf der gleichen Seite ist eine Höhle aus Tüchern o. Ä. als Dachsbau errichtet. Auf der anderen Bühnenseite stellt sich das Kind, das die Sonne darstellt auf sowie die Instrumentalisten.

Einstimmung und Begrüßung:
Die Spielleitung oder einige Kinder singen den unten stehenden Begrüßungstext auf eine einfache improvisierte „Sing-sang" Melodie.

Vorsänger: „Guten Tag!"	**Alle:** „Guten Tag!"
Vorsänger: „Liebe Kinder, guten Tag!"	**Alle:** „Liebe Kinder, guten Tag!"
Vorsänger: „Liebe Eltern, guten Tag!"	**Alle:** „Liebe Eltern, guten Tag!"

Schmetterling Joscha und Maya Sonnenschein laufen und tanzen zu improvisierter Musik auf Metallophon-Klangbausteinen durch die Blumenwiese.
Dann geht die Sonne unter, indem sie sich langsam klein macht (Schnecke). Dazu wird eine Tonleiter von oben nach unten gespielt, z. B. auf einem Glockenspiel oder Flöte.
Die Glockenblumen schließen langsam ihre Blütenkelche.
Joscha gähnt und sucht sich einen Platz zum Schlafen. Er hüllt sich in seine Flügel und schläft ein.
Maya geht jedoch suchend umher und ruft immer verzweifelter: „Mama!", „Mama!", „Liebe Sonnenmama, wo bist du?"

1. Teil mit Lied: „Maya Sonnenschein, du bist nicht allein"
(Strophen 1 bis 4)

Lied: „Maya Sonnenschein, du bist nicht allein"

Kinder:

1. Eines abends ganz allein,
sitzt hier Maya Sonnenschein.
Ihr Sonnenlicht scheint in der Nacht,
II: der Schmetterling ist aufgewacht. :II

Maya setzt sich traurig neben Joscha.

Joscha wacht auf und reibt sich die Augen. Er staunt, dass Maya noch da ist.

Refrain:

Maya Sonnenschein, du bist ganz allein.
Willst du nicht bei der Sonnenmama sein?

Die beiden stehen sich gegenüber und Joscha singt mit.

Maya:
2. Singen, Tanzen, Spielerei.
Dieser Tag ging schnell vorbei.
Doch plötzlich war – oh welch ein Schreck
II: die liebe Sonnenmama weg! :II

Maya tanzt fröhlich umher.

Maya bleibt stehen und ist wieder traurig.

Refrain Kinder:
Maya Sonnenschein ist jetzt ganz allein,
Sie will bei ihrer Sonnenmama sein!

Joscha:
3. Schau, dort dämmert es noch hell.
Dorthin müssen wir ganz schnell.
Denn nach der Wiese, hinterm Wald,
II: da finden wir die Sonne bald. :II

Joscha zeigt in eine Richtung,
zur untergegangenen Sonne.

Refrain Kinder:
Maya Sonnenschein, du bist nicht allein.
Du wirst bald bei der Sonnenmama sein.

Maya geht mit Joscha durch die Glockenblumenwiese. Geht Maya an ihnen vorüber, gehen langsam ihre Blüten auf. Dazu erklingt Musik auf Metallophon-Klangbausteinen (Charakter leise und zart, z. B. die Töne: c, d, e, g, a).

Kinder:
4. Glockenblumen, wunderschön,
glauben es ist Tag und blüh'n.
Ein Apfel fällt mit klatsch und platsch
II: auf Mayas Kopf und in den Matsch. :II

Maya steht unterm Baum und ein Apfel
fällt ihr auf den Kopf. Maya wird traurig.

Refrain Kinder:
Maya Sonnenschein, du bist nicht allein.
Du wirst bald bei der Sonnenmama sein.

Zwischenteil mit Lied: „Mause-, Mause-, Mausezahn"
(1. Strophe, siehe S. 93)

Die Mäuse kommen auf die Bühne getippelt. Sie knabbern an den Äpfeln, die um den Apfelbaum herumliegen. Dabei wird folgendes Lied mit Wiederholung gesungen:

Mause-, Mause-, Mausezahn!
Knabbert jeden Apfel an!
Und wir knabbern alle leise,
an der guten Apfelspeise!
Knibbel-knabb, knibbel-knabb.
Und schon ist der Apfel ab

Am Apfel „knabbern".

2. Teil mit Lied: „Maya Sonnenschein, du bist nicht allein"
(Strophen 5 bis 8)

5. Da entdeckt die Mäuseschar,
dass es keine Sonne war.
Und sie laufen voller Schreck,
||: schnell vor der kleinen Maya weg. :||

*Die Mäuse entdecken Maya
und erschrecken.*

Mäuse: „Pieeep!"

Sie piepsen laut und laufen weg.

Kinder:
Maya Sonnenschein, du bist nicht allein.
Du wirst bald bei der Sonnenmama sein.

Joscha und Maya gehen weiter zum Wald und treffen auf Daniel Dachs.

6. Tief im Wald da lebt ein Tier.
Frechdachs Daniel wohnt hier.
Die Maya lockt er in den Bau –
||: ihr helles Licht will er, wie schlau! :||

*Daniel Dachs lockt Maya
pantomimisch in seinen Dachsbau.*

Schmetterling Joscha ruft hilflos: „Tu es nicht!"

Refrain Kinder:
Maya Sonnenschein du bist ganz allein.
Kleine Maya – wir wollen bei dir sein!

Der Dachs setzt sich vor den Bau und bewacht den Eingang

Joscha schläft ein und die Glockenblumen machen ihre Kelche zu.
Auf den Metallophon-Klangbausteinen, Rain-maker und beliebigen anderen Instrumenten wird eine Nachtmusik gespielt.
Ist die Musik zu Ende, ertönt ein Schlag auf dem Becken und die Sonne geht auf, indem sie sich langsam wieder aufstellt. Dazu wird langsam eine Tonleiter, z. B. auf einem Glockenspiel oder Flöte, von unten nach oben gespielt.
Die Glockenblumen öffnen langsam ihre Kelche und Joscha wacht auf.

Kinder:
7. Morgens, als die Sonne lacht,   *Joscha fliegt zur Sonne.*
ist auch Joscha aufgewacht.   *Er zeigt auf Maya im Dachsbau.*
Da hört die Sonne ganz entsetzt,   *Die Sonne schüttelt den Kopf.*
II: dass Maya dort im Dachsbau sitzt. :II

Refrain Kinder:
Maya Sonnenschein, sie ist ganz allein.
Liebe Sonne, du musst jetzt bei ihr sein.

8. Schwester Kira sucht sie nun.   *Kira sucht am Dachsbau eine Lücke.*
Schwirrt umher, ohne zu ruhn.   *Schließlich zieht sie Maya aus dem*
Doch da entdeckt sie einen Spalt   *Dachsbau heraus.*
II: und Kira findet Maya bald. :II

Frechdachs Daniel schaut aus dem Bau und ruft wütend: „Komm zurück, du bist mein Licht!"

Refrain Kinder:
II: Maya Sonnenschein du bist nicht allein.   *Maya, Kira, Joscha und die Mäuse tanzen.*
Kleine Maya – wir wollen Freunde sein! :II

Der Dachs schaut zu und reiht sich dann ein.
Dieser Liedabschnitt kann am Schluss beliebig oft wiederholt werden.

Papagallino ist ein fiktives Lebewesen, das anders aussieht, spielt, isst und malt. Das
können die anderen nicht akzeptieren und grenzen Papagallino aus. Das macht ihn
sehr traurig. Als es bei Papagallino nachts an der Tür klopft und Papagiselda herein-
schneit, verhält sich Papagallino genauso gemein, wie vorher die anderen zu ihm. Doch
Papagallino dämmert plötzlich etwas ...
Aus pädagogischen und psychologischen Gründen ist es von besonderer Bedeutung, den
Kindern genügend Zeit zu häufigen Rollenwechseln zu geben. Wichtig ist vor allem
der verbale Austausch während der lockeren Einspielphase des Singspielablaufs.

Das Musikprojekt auf einen Blick

Die beiden Lieder „Papagallino" und „Was willst du hier?", auf denen das Singspiel basiert, sind einfach und wiederholen sich abwechselnd im gleichbleibenden Ablauf der Aufführungsstruktur.

1. Spielangebot:
Ganzheitliches Erleben und Spielen der Geschichte durch vielfältige Spielformen.

2. Spielangebot:
Spielerisches Erarbeiten des Singspiels mit wechselnden Rollen innerhalb eines methodisch-didaktischen Rahmens mit Einstimmung und Ausklang.

3. und 4. Spielangebot:
Spielerisches Erarbeiten des Singspiels mit wechselnden Rollen innerhalb eines methodisch-didaktischen Rahmens mit Einstimmung und Ausklang. Danach Festlegung der Rollen und einmaliges Durchspielen in dieser Besetzung.

5. Spielangebot:
Generalprobe mit festgelegten Rollen.

Singspiel: „Papagallino & Papagiselda oder Wie man Freunde findet"
in 3 Szenen

1. Szene: Die anderen sind gemein zu Papagallino
2. Szene: Papagallino ist gemein zu Papagiselda
3. Szene: Papagallino versteht, was Freundschaft ist

Dauer: ca. 15 Minuten
Anzahl der Kinder: 10 bis 20 Kinder
Alter der Kinder: 4 bis 8 Jahre

Rollen: Papagallino, Papagiselda, Sprecher/in, Kind, das ein Kind spielt; beliebig viele Kinder, die Tierarten (jede Tierfamilie sollte mit drei Tieren vertreten sein) oder Kinder aus verschiedenen Kontinenten (Indianer, Chinesen etc.) verkleidet darstellen.

Verkleidung:
- Papagallino und Papagiselda sehen verrückt aus. Zum Beispiel hat Papagallino überall auf der Kleidung und im Gesicht grüne Punkte. Gesicht und Hände sind rot geschminkt, eine grüne Perücke sitzt auf dem Kopf oder die Haare werden mit Schminkfarbe verändert. Falls der Darsteller es zulässt, kann ihm ein kleines Kissen als Bäuchlein unter T-Shirt und Hose gesteckt werden. Papagiselda ist zum Beispiel längsgestreift, auch das Gesicht wird mit Längsstreifen bemalt. Lassen Sie Ihrer Fantasie freien Lauf. Auf jeden Fall sollen sich die beiden Darsteller von den Tieren und Kindern aus anderen Ländern unterscheiden.
- Kind: normale Kinderkleidung (Jeans, T-Shirt).
- Tierarten/Kinder aus verschiedenen Kontinenten: je nach Fundus der Einrichtung oder der Kinder werden die Kinder verkleidet.

Materialien:
- Für jedes Kind/Tier ein klassisch gemaltes Kinderbild mit gelber Sonne, blauem Himmel etc.
- Für Papagallino ein frei gemaltes Kinderbild, wie z.B. eine bunte Spirale
- Seile
- Podest oder kleines Trampolin, auf dem das Haus von Papagallino steht
- Grüne Weingummischnüre als Essen für Papagallino
- Gebäck o. Ä. zum Essen für die Kinder/Tiere
- Schweifbälle (für zwei Darsteller jeweils einen)

Musikbegleitung: je nach Ressourcen und Fähigkeiten der Spielleitung und/oder des Teams können Instrumente wie Gitarre, Keyboard, Akkordeon, Flöten eingesetzt werden.

103

Spielangebote zum Musikprojekt

1. Spielangebot

Begrüßung und thematische Einstimmung

Die Spielleitung geht mit den Kindern durch den Raum und alle begrüßen sich gegenseitig mit einem „Hallo!". Dann spielt die Spielleitung auf einem Becken einen Klang. Nun gehen alle rückwärts und begrüßen sich auch mit rückwärts gesprochenen Grüßen, wie mit „Ollah!". Mehrmals wiederholen, auch mit „Guten Tag!" – „Gat netug!", „Wie geht es dir?" – „Rid se theg iew?" Anschließend setzen sich alle in den Sitzkreis und sprechen über ihre Eindrücke.

Spiel der Gegensätze:

Die Spielleitung bespricht mit den Kindern, was das Gegenteil z. B. von vorwärts, hell, groß, schön, breit, kurz, laut etc. ist. Sie nimmt die Ideen auf. Dann gehen die Kinder zu zweit zusammen und jedes Kind stellt ein Gegensatzpaar pantomimisch dar. Die Spielleitung improvisiert mit einem beliebigen Instrument dazu.

Praxistipp: Die Spielleitung bietet den Kindern einfach auszuführende Gegensatzpaare an, wie z. B. groß – klein (Elefant - Maus), laut – leise (Donner [mit den Füßen aufstampfen] – Regentropfen [auf Fußspitzen gehen]).

Geschichte „Papagallino & Papagiselda oder Wie man Freunde findet":

Im tiefen Wald, wo sich Fuchs und Hase gute Nacht sagten, lebte ganz allein und ohne einen einzigen Freund Papagallino. Papagallino hatte keine Lust mehr alleine zu sein und machte sich eines Morgens auf den Weg, um die Anderen zu suchen. Er ging aus dem Wald heraus und spazierte auf das freie Feld. Da entdeckte er die Anderen und wollte sich zu ihnen gesellen. Doch die Anderen schauten Papagallino entsetzt an und meinten: „Wie siehst du denn aus? Geh weg, du bist nicht wie wir. Such dir jemanden anderen zum Spielen!"

Doch Papagallino gab nicht auf, setzte sich unter einen Baum und überlegte. Dabei beobachtete er die Anderen, wie sie sich mit „Hallo!" begrüßten, wie sie spielten, malten und aßen. Papagallino lief wieder zu ihnen hin und machte jetzt alles genau so, wie die anderen. Zuerst machte er vor ihnen eine tiefe Ver-

beugung. Dann lächelte er wie sie und sagte: „Griazi!", „Bonjour!", „Jambo!" „Nein, nein, nein!", riefen die anderen. „Du sprichst merkwürdig drollig. Auf jeden Fall sprichst du überhaupt nicht so wie wir!" Aber Papagallino gab nicht auf. Er malte Bilder, aber so groß wie Schilder. „Nein, nein, nein!", riefen die anderen wieder. „Du malst irgendwie komisch. Auf jeden Fall nicht so schön wie wir!" Dann versuchte er so zu spielen wie die anderen und riss sich dabei fast ein Bein aus, so hampelte er herum. „Hilfe! Du bist immerzu quirlig! Du machst damit unser ganzes Spiel kaputt!", schimpften die anderen entrüstet. Schließlich packte er sein Essen aus und schlang genüsslich sein Lieblingsessen, das sind grüne Würmer, hinunter. „Iieeh! Geh uns aus den Augen. Was du für seltsame Dinge isst!", riefen die anderen angeekelt. Seine ganzen Bemühungen, so wie die anderen zu sein, halfen nichts. Er sah nicht wie irgend jemand von den anderen aus und er sprach nicht wie sie. Er malte nicht so wie sie und er spielte nicht so wie sie. Und was er für seltsame Dinge er aß! „Du gehörst nicht hierher", sagten alle. „Du bist nicht wie wir, du bist eben Papagallino!"
Papagallino ging traurig nach Hause. Verzweifelt sah er sich im Spiegel an und legte sich müde ins Bett. Er wollte gerade die Kerze ausblasen, als es an der Tür klopfte. Die Tür wurde aufgerissen und herein stürmte ein seltsames Wesen. „Buongiorno!", „Lyi günler!", „Dobar dan!" rief es. „Ich heiße Papagiselda und ich suche einen Freund, der genauso merkwürdig, komisch und quirlig ist, wie ich!" „Wie bitte?", sagte Papagallino entrüstet und ging um das seltsame Mädchen namens Papagiselda herum. „Bei mir bist du an der falschen Adresse", sagte Papagallino unfreundlich. Papagiselda ließ sich nicht beirren und hüpfte mit einem Satz auf Papagallinos Bett und sprang dort Trampolin. „Das finde ich überhaupt nicht! Hier gefällt es mir!", rief sie. „Kennen wir uns?", fragte Papagallino verwirrt. „Natürlich kennen wir uns!", rief Papagiselda, packte Papagallino am Arm und stellte sich mit ihm vor den Spiegel. „Schau doch in den Spiegel." Und Papagallino guckte und guckte. „Verstehst du denn nicht!", rief Papagiselda. „Ich bin wie du! Wir beide sind nicht so wie die anderen! Du sprichst merkwürdig drollig und ich auch. Du malst Bilder groß wie Schilder – ich auch. Du spielst immerzu quirlig – ich auch. Und dein Lieblingsessen sind grüne Würmer – meines auch! Außerdem sehen wir so aus, wie kein anderer auf der ganzen Welt!" „Du bist wie ich?", sagte er. „Du bist doch nicht wie ich! Du bist überhaupt nicht wie irgendwas, das ich je gesehen habe. Jedenfalls bist du nicht genauso anders wie ich!" Entschlossen ging Papagallino zur Tür und öffnete sie weit. „Gute Nacht!", rief er und zeigte in die Dunkelheit des Waldes vor seiner Tür.

Papagiselda wurde sehr sehr traurig. Mit schlürfenden Schritten und hängendem Kopf verließ sie Papagallinos Haus. Als Papagallino die Tür hinter Papagiselda schloss, wurde er plötzlich nachdenklich. Irgendwie erinnerte sich Papagallino an etwas, aber er wusste einfach nicht, woran.

Er überlegte und überlegte und plötzlich fiel es ihm wieder ein. Papagallino riss die Tür auf und lief Papagiselda hinterher. „Warte!", rief Papagallino.

Als er Papagiselda erreicht hatte, nahm er ihre Hände in seine Hände und hielt sie fest. „Liebe Papagiselda, ich war so gemein zu dir, genauso gemein wie die anderen heute zu mir waren. Das tut mir leid! Du bist zwar nicht wie ich, aber das ist ja gerade das Schöne! Wenn du willst, kannst du bei mir in meinem Haus bleiben." Und Papagiselda hatte Lust. Seitdem hatte Papagallino eine Freundin. Sie lächelten und sagten: „Griazi!", „Bonjour!", „Jambo!", „Buongiorno!", „Lyi günler!", „Dobar dan!", „Hello". Sie malten zusammen Bilder, so groß wie Schilder. Sie spielten das Lieblingsspiel des anderen. Sie aßen zusammen ihr Lieblingsessen – grüne Würmer. Sie waren verschieden, aber sie vertrugen sich. Und wenn einmal jemand an die Tür klopfte, der wirklich ganz anders aussah als Papagallino und Papagiselda, dann sagten sie nicht „Du siehst nicht aus wie wir" oder „Geh weg!". Nein, sie rückten dann einfach ein bisschen enger zusammen.

Praxistipp: Die Spielleitung nimmt an den entsprechenden Stellen der Geschichte die Begrüßungsformeln von Kindern anderer Nationen in der Gruppe auf.

Soziales Wahrnehmungsspiel: Begrüßung

Die Kinder bilden zwei Gruppen: die Tiere sind die eine Gruppe und die Papagallinos und die Papagiseldas die andere. Zur Fortbewegungsart Gehen bewegen sie sich durch den Raum. Die Papagallinos und Papagiseldas grüßen die anderen freundlich, doch diese schauen nur stolz und grüßen nicht zurück.

Rollentausch und anschließendes Gespräch über die Gefühle, die die Kinder dabei empfunden haben.

Singspiel: „Papagallino und Papagiselda oder Wie man Freunde findet"

Die Spielleitung singt das gesamte Singspiel vor und animiert durch Wiederholungen die Kinder zum Mitsingen.

Variante:

Das Singspiel wird spielerisch mit einigen wenigen Verkleidungsutensilien, z. B. bunten Chiffontücher für Papagallino und Papagiselda, durchgeführt.

Ausklang:

Die Spielleitung geht mit den Kindern durch den Raum und alle verabschieden sich gegenseitig mit einem „Auf Wiedersehen!". Dann spielt die Spielleitung auf einem Becken einen Klang. Nun gehen alle rückwarts und begrüßen sich mit „Nehesredeiw fua!". Mehrmals wiederholen, auch mit „Tschüss!" –„Ssühct!", „Mach' s gut" –„Tug shcam!"

Spielangebote 2 bis 5

Siehe unter „Das Musikprojekt auf einen Blick", S. 102

Singspiel „Papagallino & Papagiselda"
oder Wie man Freunde findet

Aus interpretatorischen und/oder organisatorischen Gründen (Verkleidungsmaterial) können die Kinder anstelle verschiedener Tierfamilien, Kinder aus verschiedenen Erdteilen darstellen. Sie sind z.B. als Indianer, Chinesen etc. verkleidet.
Zum besseren Verständnis der Ablaufes sind die beiden verschiedenen Lieder: „Papagallino" und „Was willst du hier?" als fortlaufende Strophen gekennzeichnet, da die Strophen in der Struktur des Singspieles abwechselnd durchgeführt werden.

Bühnenbild: Das Haus von Papagallino (z.B. ein kleines Trampolin oder Podest) steht etwas seitlich im Bühnenbild und vom Haus wird in Schlängellinien mit zwei parallel gelegten Seile der Weg durch den Wald angedeutet. Natürlich kann Papagallino auch auf der Bühne ein Zimmer eingerichtet bekommen. Die ist jedoch von den räumlichen Bedingungen und Ressourcen der Einrichtung abhängig.
Die anderen Darsteller und befinden sich im Hintergrund oder hinter der Bühne.

1. Szene: Die anderen sind gemein zu Papagallino

Lied : „Papagallino"

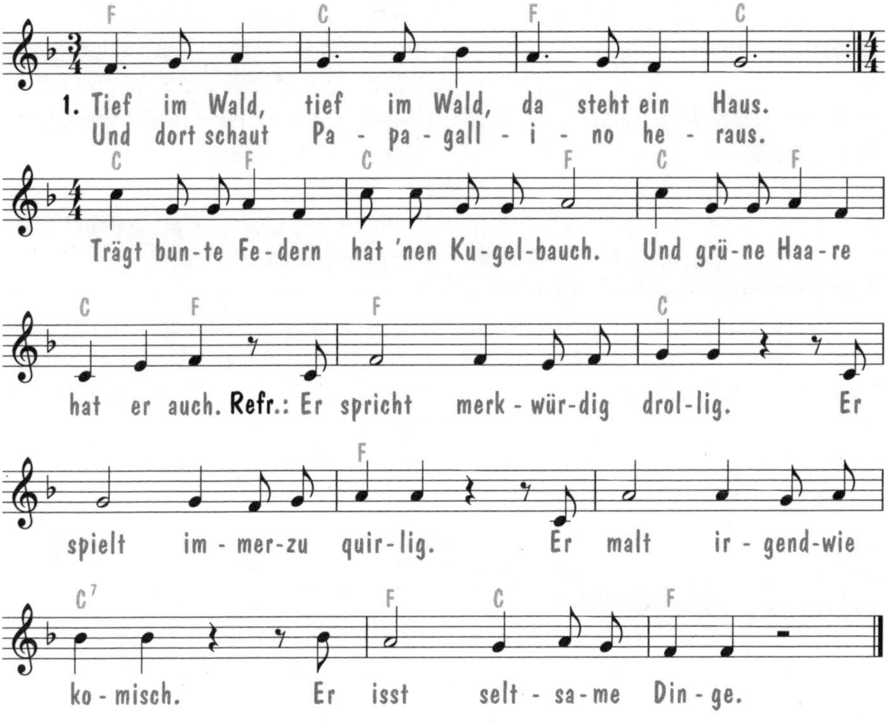

1. Tief im Wald, tief im Wald, da steht ein Haus.
Und dort schaut Pa - pa - gall - i - no he - raus.

Trägt bun - te Fe - dern hat 'nen Ku - gel - bauch. Und grü - ne Haa - re

hat er auch. **Refr.:** Er spricht merk - wür - dig drol - lig. Er

spielt im - mer - zu quir - lig. Er malt ir - gend - wie

ko - misch. Er isst selt - sa - me Din - ge.

Kinder:

1. Tief im Wald, tief im Wald, da steht ein Haus.	*Papagallino wacht auf und streckt sich.*
Und dort schaut Papagallino heraus.	*Er schaut aus einem imaginären Fenster heraus.*
Trägt bunte Federn, hat 'nen Kugelbauch.	*Er streicht sich übers Haar und den Kugelbauch.*
Und grüne Haare hat er auch.	*Er streicht sich über die Arme und streckt sich genüsslich.*

Refrain:

Er spricht merkwürdig drollig	*Papagallino spricht irgendwelchen Silbenkauderwelsch.*
Er spielt immerzu quirlig.	*Papagallino wirft einen Schweifball hoch und fängt ihn tollpatschig auf.*
Er malt irgendwie komisch.	*Papagallino zeigt und bewundert sein Bild, das z. B. eine bunte Spirale zeigt.*
Er isst seltsame Dinge.	*Papagallino holt eine Tüte und isst genüsslich grüne Würmer.*
2. Papagallino fühlt sich so allein.	*Papagallino schaut nachdenklich und macht sich auf den Weg.*
Möchte so gern bei den anderen sein.	*Papagallino geht langsam den geschlängelten Weg hinunter und kommt zu den Tieren.*
Doch alle lachen ihn immer aus	*Die Kinder/Tiere lachen ihn aus und zeigen auf ihn.*
und schicken ihn einfach nach Haus.	*„Weg-geh"-Geste zu Papagallino.*

Refrain:
Tiere:

„Du sprichst merkwürdig drollig.	*Die Kinder/Tiere begrüßen sich gegenseitig mit: „Guten Tag!".*
Du spielst immerzu quirlig.	*Die Kinder/Tiere werfen sich elegant Schweifbälle zu.*
Du malst irgendwie komisch.	*Die Kinder zeigen ihre gemalten Bilder.*
Du isst seltsame Dinge."	*Papagallino holt aus seiner Tüte grüne Würmer, die anderen essen Kekse aus der Dose. Sie schauen angeekelt auf das Essen von Papagallino.*

Lied: „Was willst du hier?"

1. Was willst du hier, du bist nicht wie wir, bist nicht wie wir,

bist nicht wie wir. Bist nicht wie wir! Du bist an-ders,

ja ganz an-ders! Du bist an-ders, ge-hörst nicht da-

zu! **Sprechgesang:** Lass uns in Ruh! Lass uns in Ruh!

Kinder/Tiere:

1. „Was willst du hier, du bist nicht wie wir,
bist nicht wie wir, bist nicht wie wir!
Was willst du hier, du bist nicht wie wir,
bist nicht wie wir!

Die Kinder/Tiere stemmen die Hände in die Hüften und stellen sich im Halbkreis um Papagallino.

Refrain:

Du bist anders, ja ganz anders!
Du bist anders, gehörst nicht dazu!"

Alle Kinder/Tiergruppen einzeln nacheinander: „Lass uns in Ruh!"

2. Papagallino macht das nichts aus,
macht das nichts aus, macht das nichts aus!
Papagallino macht das nichts aus,
macht das nichts aus!

Papagallino schüttelt den Kopf und hüpft herum.

Refrain von Papagallino:
„Ich bin anders, ja ganz anders!
Ich bin anders, ja anders als ihr!

Papagallino wiederholt mehrmals zu den verschiedenen Tierarten: „Das ist nicht schlimm!"
Papagallino (sprechend): „Jawohl!" und stampft dabei entschieden auf.

Dialog:
Sprecher: Er lächelt wie sie und sagt:
Papagallino: „Griazi!", „Bonjour!", „Jambo!"
Die anderen *(entsetzt):* „Er spricht nicht so wie wir!"
Sprecher: Dann malt er Bilder – groß wie Schilder.
Papagallino malt mit einem imaginären Pinsel und kommentiert sein Malen mit:
„Kleck, klecks, klecks ..."
Die anderen *(entrüstet):* „Er malt nicht so wie wir!"
Sprecher: Und er spielt nicht so wie sie.
(Papagallino hampelt mit dem Schweifball herum)
Die anderen *(peinlich berührt):* „Er spielt nicht so wie wir!"
Sprecher: Sein Essen bringt er in der Tüte mit.
(Kramt eine Tüte mit grünen Weingummispaghetti hervor)
Dann isst er es auf, mit viel Appetit.
Die anderen *(angeekelt):* „Iieeh! Was der für komische Sachen isst."

Wiederholung und Spielausführung 1. Strophe des Liedes: „Was willst du hier?"
Die Kinder/Tiere gehen ab.

2. Szene: Papagallino ist gemein zu Papagiselda

Lied: „Papagallino" (siehe S. 109)

Kinder:
3. Papagallino fühlt sich so allein.
Die anderen sind ja so fies und gemein!
Doch als er endlich schlafen geht,
pocht es an seiner Tür noch spät.

*P. geht traurig und niedergeschlagen den Schlängelweg zurück zu seinem Haus.
Papagallino legt sich schlafen.
Papagiselda pocht mit einem Hölzchen.
Papagallino steht verwundert auf.*

Refrain:
Herein kommt Papagiselda,
da plappert Papagiselda.
Sie stand einfach vor der Tür,
ja, was will sie denn hier?

*Papagiselda stürmt herein.
Papagiselda plappert Kauderwelsch.*

4. Papagallino wundert sich so sehr.
Wo kommt das seltsame Mädchen nur her?

Papagallino rauft sich nachdenklich die Haare und betrachtet Papagiselda kritisch.

Ist voller Streifen, hat ein buntes Fell,
abstehende Haare und spricht schnell.

Papagiselda schaut sich um und plappert irgendwelchen Kauderwelsch.

Refrain:
Herein kommt Papagiselda,
da plappert Papagiselda.
Sie stand einfach vor der Tür,
ja, was will sie denn hier?

Lied „Was willst du hier?" (siehe S. 111)

Papagallino:
3. Was willst du hier, du bist nicht wie ich,
bist nicht wie ich, bist nicht wie ich!
Was willst du hier, du bist nicht wie ich,
bist nicht wie ich!

Papagallino stellt sich vor Papagiselda und singt auf sehr bestimmende Weise.

Refrain:
Du bist anders, ja ganz anders!
Du bist anders, gehörst nicht zu mir!
Was willst du hier!"

*Papagallino weist Papagiselda den Weg
aus dem Haus, den sie gehen soll.*

Kinder:
4. Papagiselda macht das was aus,
macht das was aus, macht das was aus!
Papagiselda macht das was aus,
macht das was aus!

Papagiselda wird traurig.

Refrainvariante von Papagiselda

4. Pa - ga-gi-sel-da macht das was aus, macht das was aus,
macht das was aus! macht das was aus! „Ich bin an-ders,
ja ganz an-ders! Ich bin an-ders, an-ders als du!
siehst du das nicht! Du dum - mer Wicht!"
Willst kei - nen Freund, der mit dir träumt!"

„Ich bin anders, ja ganz anders!
Ich bin anders, anders als du!
Siehst du das nicht!
Du dummer Wicht!
Willst keinen Freund,
der mit dir träumt!"

Papagiselda spricht (traurig): „Ich geh!"
Papagiselda geht langsam und traurig den Weg durch den Wald und Papagallino
schaut zuerst wütend, dann immer nachdenklicher hinterher.

3. Szene: Papagallino versteht, was Freundschaft ist

Lied: „Papagallino" (siehe S. 109)

Kinder:
5. Papagallino, dem dämmert nun was,
irgendwas Wichtiges er wohl vergaß!?
Holt Papagiselda schnell zurück,
ja, und sein Herz hüpft voller Glück.

Papagallino überlegt und klatscht
plötzlich freudig in die Hände.
Papagallino läuft Papagiselda
hinterher und holt sie zurück.
Die Beiden hüpfen glücklich herum.

Doppel-Refrain von
Papagallino und Papagiselda:
„Wir sprechen merkwürdig drollig.
Wir malen irgendwie komisch.
Das macht uns gar nichts aus,
wir sehen anders aus.

Sie begrüßen sich
Sie malen pantomimisch
Kopf schütteln
Sie reichen sich die Hände

Wir spielen immerzu quirlig.
Wir essen seltsame Dinge.
Das macht uns gar nichts aus,
wir sehn auch anders aus."

Sie spielen – hampeln herum
Sie essen grüne Spaghetti

Sie reichen sich die Hände

Kinder:

6. Die Beiden haben nun ein schönes Heim, *Papagallino und Papagiselda kuscheln*
und fühlen sich jetzt nicht mehr so allein. *sich aneinander.*
Da klopft es abends an der Tür. *Ein Kind klopft mit Hölzchen.*
Wer steht denn heute wohl vor ihr? *Ein ganz normales Kind steht davor.*

Die Drei begrüßen sich.
Das Kind sagt Guten Tag in einer anderen Sprache, wie z.B. „Dobar dan!" (serbokroatisch) „Kalimera!" (griechisch), „Lyi günler!" (türkisch) zu Papagallino und Papagiselda.

Doppel-Refrain von
Papagallino und Papagiselda:
„Du sprichst merkwürdig drollig. *Jeder sagt anders: „Guten Tag!" auf*
seine Weise

Du malst irgendwie komisch *Die Drei malen pantomimisch*
Das macht uns gar nichts aus, *Kopf schütteln*
auch wir sehn anders aus. *Sie reichen sich die Hände*

Du spielst immerzu quirlig. *Sie spielen – hampeln herum*
Du isst seltsame Dinge. *Sie essen grüner Würmer*
Das macht uns gar nichts aus, *Kopf schütteln*
auch wir sehn anders aus." *Sie reichen sich die Hände*

Die Drei stehen nebeneinander und legen sich freundschaftlich die Arme über die Schultern.

Alle:

7. Bunt ist die Welt, ja so wie du und ich.
Denn ich mag dich und auch du, du magst mich.
Wir sind jetzt Freunde, das ist schön,
durch dick und dünn wollen wir gehen.

Doppel-Refrain:

„Wir sprechen merkwürdig drollig.

Wir malen irgendwie komisch.
Das macht uns gar nichts aus,
wir fühl' n uns hier zu Haus.

Wir spielen immerzu quirlig.
Wir essen seltsame Dinge.
Das macht uns gar nichts aus,
wir fühl'n uns hier zu Haus."

*Jeder sagt anders: „Guten Tag!" auf
seine Weise*
Die Drei malen pantomimisch
Kopf schütteln
Sie reichen sich die Hände

Sie spielen - hampeln herum
Sie essen grüner Würmer
Kopf schütteln
Sie reichen sich die Hände

*Alle Beteiligten kommen zu den Dreien, tanzen zusammen mit ihnen im Kreis und sin-
gen die 7. Strophe: Bunt ist die Welt ...*
*Dann werden Kinder und Eltern aus dem Publikum geholt. Die 7. Strophe mit oder ohne
Refrain wird gesungen, dabei beliebig oft wiederholt und eine Polonaise durch den
Raum getanzt.*

7.

Das Märchen „Die Sterntaler" ist ein emotional berührendes Märchen. Im Kern der Geschichte geht es um die Bedeutung von Hilfsbereitschaft. Die Hinwendung zum Nächsten ist ein Wert, der im Christentum wie auch in anderen Religionen große Bedeutung hat. Das Singspiel veranschaulicht schlicht und einfach wie wichtig es ist, hilfsbereit zu sein und eignet sich besonders gut während der Advents- und Weihnachtszeit.

DIE STERNTALER

Das Musikprojekt auf einen Blick

1. Spielangebot:
Als Hinführung zum Märchen „Die Sterntaler" wird das Thema „Sonne, Mond und Sterne" eingeführt. Ganzheitliches Erleben und Spielen durch vielfältige Spielformen festigen die Inhalte.

2. Spielangebot:
Das Thema „Sonne, Mond und Sterne" wird durch vielfältige Spielformen weiter vertieft.

3. Spielangebot:
Thema „Sonne, Mond und Sterne" und spielerisches Erarbeiten des Singspiels mit wechselnden Rollen innerhalb eines methodisch-didaktischen Rahmens mit Einstimmung und Ausklang.

4. Spielangebot:
Generalprobe mit festgelegten Rollen.

Singspiel: „Die Sterntaler" in Liedform
nach der traditionellen Melodie von „Dornröschen war ein schönes Kind"

Dauer: ca. 8 Minuten
Anzahl der Kinder: ca. 14 Kinder
Alter der Kinder: 3 bis 7 Jahre

Rollen: Das arme Mädchen, Mann, zwei Kinder, ein Junge, ein Mädchen, zwei Sternenkinder, Instrumentalisten

Material und Verkleidung: Brotstück, Mütze, Rock, Hemd (T-Shirt), weißes größeres T-Shirt als Leinenhemd, Gold- oder Silbertaler oder Sterne aus Papier oder Pappe in unterschiedlichen Größen (ca. 100 Stück), eine Sonne und ein Mond aus Pappe für das 1. Spielangebot, ein großes blaues und viele kleine Chiffontücher für das 2. Spielangebot.

Instrumente für die Kinder: Becken, Triangel und Zimbel für die Spielangebote, Klangbausteine in den Tönen c und g

Musikbegleitung: je nach Ressourcen und Fähigkeiten der Spielleitung und/oder des Teams können Instrumente wie Gitarre, Keyboard, Akkordeon, Flöten eingesetzt werden.

Spielangebote zum Musikprojekt

1. Spielangebot

Begrüßung und thematische Einstimmung
Die Spielleitung initiiert ein Gespräch mit den Kindern über Tag und Nacht, Sonne, Mond und Sterne. Dann wird ein ganzer Tag und eine Nacht pantomimisch nachgespielt.

Darstellendes Spiel: Tag und Nacht
Die Spielleitung begleitet auf Instrumenten den Ablauf und gibt nach Bedarf verbale Hilfen. Wird es Tag, spielt sie ein Becken für die Sonne, wird es Nacht, spielt sie einen Triangel und Fingerzimbeln/Chimes für den Mond und die Sterne.
Die Kinder legen sich auf den Boden. Das Becken ertönt. Sie stehen auf, spielen pantomimisch die morgendlichen Rituale (waschen, anziehen, frühstücken ...).
Wenn der Triangel ertönt, bedeutet das – es wird Abend – die Kinder gähnen und legen sich auf den Boden. Die Spielleitung spielt über jedem Kind einmal mit einer Fingerzimbel.

Übergang: Die Kinder liegen mit geschlossenen Augen auf dem Boden und die Spielleitung legt Seile und Tücher in den Farben gelb und blau an eine Stelle in den Raum.

Experimentierphase/Kreatives Gestalten: Sonne, Mond und Sterne
Die Kinder öffnen auf einen Klang mit einem der Instrumente die Augen und verteilen in Teamarbeit Sonne, Mond und Sterne über den ganzen Boden des Raumes.

Wahrnehmungsspiel Hören – Bewegen: Sonne, Mond und Sterne
Die Spielleitung teilt je ein Becken, ein Triangel und eine Fingerzimbel an drei Kinder aus. Ein viertes Kind ist der Streicheldirigent. Streicht er über den Rücken des Kindes mit dem Becken (die Sonne), fängt dieses an zu spielen und die anderen Kinder bewegen sich nun um die auf dem Boden liegende Sonne herum.
Streicht der Streicheldirigent über den Rücken des Kindes mit dem Triangel (der Mond), bewegen sich alle um den Mond und bei den Fingerzimbeln umkreisen alle den Stern.
Den Ablauf mehrmals wiederholen und dann Rollenwechsel.

Das Märchen „Die Sterntaler":
Von den Gebrüdern Grimm, nacherzählt von Sabine Hirler

Es war einmal ein kleines Mädchen. Sein Vater und seine Mutter starben und da wurde es so arm, dass es kein Zimmer mehr hatte, in dem es wohnen konnte und kein Bett, in dem es schlafen konnte. Es hatte gar nichts mehr, außer den Kleidern, die es auf dem Leib trug, und ein Stückchen Brot in der Hand, das ihm ein mitleidiger Mensch geschenkt hatte. Und weil es so von aller Welt verlassen war, machte es sich auf den Weg hinaus aus der Stadt, in die Wiesen und Felder. Da begegnete es einem armen Mann. Der sprach: „Ach, gib mir etwas zu essen, ich bin so hungrig!" Das Mädchen gab ihm das ganze Stück Brot und sagte: „Gott schütze dich!" Dann ging es weiter.

Da kam ein Kind, das klagte und sprach: „Mir ist so schrecklich kalt am Kopf. Schenk mir etwas, damit ich ihn bedecken kann!" Da nahm das Mädchen seine Mütze ab und gab sie ihm. Als es noch weiter gegangen war, traf es einen kleinen Jungen. Der hatte keine Jacke an und zitterte vor Kälte. Da gab ihm das Mädchen seine Jacke. Wenig später traf es ein Mädchen, das war ganz durchgefroren, dem gab es seinen Pullover und seinen Rock. Nach einiger Zeit kam das Mädchen in einen Wald. Es war schon dunkel geworden. Da traf es noch ein Kind. Das bat um ihr Hemd. Das Mädchen dachte: „Es ist dunkel und niemand sieht mich. Da kann ich doch mein Hemd abgeben." Es zog sein Hemd aus und gab es dem Kind. Und wie es so stand und gar nichts mehr hatte, fielen auf einmal die Sterne vom Himmel. Das Mädchen nahm einen Stern in die Hand und sah, dass es ein Taler aus Gold und Silber war. Und stell dir vor, obwohl es sein Hemd weggegeben hatte, so hatte es plötzlich ein neues an, und das war aus allerfeinstem Stoff. Da sammelte das Mädchen die Gold- und Silbertaler ein und war reich für sein ganzes Leben lang.

122

Lied: Die Sterntaler
Die Spielleitung singt mit den Kindern das Singspiel: „Die Sterntaler"

Ausklang:
Die Spielleitung verteilt an jedes Kind ein Metallinstrument. Gemeinsam wird eine „Sonne, Mond und Sterne-Musik" improvisiert.

2. Spielangebot

Begrüßung und thematische Einstimmung
Gemeinsam wird das Märchen „Die Sterntaler" nacherzählt. Zur Veranschaulichung kann ein Bilderbuch verwendet werden.

> **Praxistipp:** Empfehlenswert ist das Bilderbuch: „Die Sterntaler", das im Nord-Süd-Verlag erschienen ist, mit Illustrationen von Eugen Sopko. Die Illustrationen zeigen dabei, dass die Menschen, die das kleine Mädchen um etwas bitten, noch mehr haben oder auch ihm helfen könnten, wenn sie sich in seine Lage versetzen würden. Das Märchen und das Bilderbuch sind eine gute Gesprächsgrundlage.

Lied: „Die Sterntaler"
Die Spielleitung singt und spielt mit den Kindern das Singspiel: „Die Sterntaler"

Darstellendes Spiel: Tag und Nacht
Siehe 1. Spielangebot, S. 121

Übergang und Ruhephase: Sterne streuen
Die Kinder liegen relativ eng nebeneinander auf dem Rücken auf dem Boden. Die Augen sind geschlossen. Die Spielleitung legt nun ein großes blaues Chiffontuch (ca. 1,50 x 1,50 m) über die Kinder. Auf einen Fingerzimbelklang öffnen sie die Augen. Nun streut die Spielleitung ausgeschnittene goldene und/oder silberne Papp-Sterne in unterschiedlichen Größen auf das blaue Tuch. Die Kinder sehen nun das Tuch als Himmel und die Sterne auf sich herabrieseln. Als Ergänzung kann noch ruhige und „glitzernde" Musik auf Zimbeln, Six-flat oder von Tonträger gespielt werden.

Wahrnehmungsspiel spüren – bewegen – hören – sehen: Sternenhimmel

Drei bis vier Kinder liegen auf dem Rücken. Die anderen verteilen sich um das Tuch und halten es gemeinsam hoch. Die Spielleitung oder ein Kind spielt nun z. B. auf einem Glockenspiel eine Tonleiter nach unten. Die Sternenhimmel-Träger bewegen sich nun gemeinsam nach unten. Wird eine Tonleiter nach oben gespielt, bewegen sie sich wieder nach oben. Die liegenden Kinder genießen den Anblick. Mehrmals wiederholen, mit Rollentausch.

Reaktionsspiel: Sterntaler sammeln

Das Himmelstuch liegt, bestreut mit allen Papier-Sternen, auf dem Boden. Die Kinder gehen zur improvisierten Musik auf einem beliebigen Instrument der Spielleitung um den Sternenhimmel herum. Ist die Musik zu Ende, ruft die Spielleitung z. B.: „Zwei!" und jedes Kind holt sich zwei Sterne vom Sternenhimmel. Das wird solange wiederholt, bis keine Sterne mehr auf dem Sternenhimmel liegen. Die Kinder sammeln die Sterne wie das arme Mädchen im Märchen, indem sie einfach den vorderen Pullover- oder T-Shirtsaum als Sammeltasche nach oben halten.
Mehrmals wiederholen, mit Richtungswechsel. Beim letzten Mal behalten die Kinder ihre Sterne für das folgende Spiel.

Wahrnehmungsspiel Sehen – Bewegen: Sternenbilder legen

Die Spielleitung hat für jedes Kind ein einfach nachzulegendes Sternenbild (z. B. Delfin, Schwan, kleiner Bär, großer Bär, Leier) kopiert (Empfehlenswerte Literatur: „Der Sternenhimmel" aus der Reihe: Das will ich wissen. Arena Verlag 2005). Jedes Kind erhält nun eine Kopie, ein blaues Chiffontuch als Himmel und sucht sich einen Platz im Raum. Es versucht die Sterne nach der Kopiervorlage auf das Tuch zu legen. Die Spielleitung unterstützt dabei die jüngeren Kinder.
Haben alle ein Bild gelegt, so geht die Gruppe gemeinsam von einem Sternenbild zum anderen und bespricht es.

Ausklang:

Die Kinder sammeln die Sterne wieder ein. Dann streuen sie ihre Sterne auf das große blaue Chiffontuch im Sitzkreis.

Spielangebote 3 und 4
Siehe unter „Das Musikprojekt auf einen Blick", S. 120

Singspiel: Die Sterntaler

nach der Melodie von „Dornröschen war ein schönes Kind" in 13 Strophen

Bühnenbild: Die Bühnenseiten können mit grünen, braunen Tüchern abgehängt werden. Falls ein richtiges Bühnenbild gebaut werden soll, ist ein Wald ein guter Hintergrund. Besonders wirkungsvoll ist es, wenn eine Sonne und ein Mond „am Himmel" hängen. Die Darsteller treten von den Bühnenseiten in die Bühne hinein. Die Instrumentalisten sitzen gemeinsam seitlich.

Lied: „Die Sterntaler"

1. Ein klei-nes Mäd-chen ging al-lein, ging al-lein, ging al-lein,___ in die wei-te Welt hi-nein, Welt hi - nein.

Alle Kinder singen, nur die Darsteller singen nicht, sondern spielen die Handlung des Liedes pantomimisch.

1. Ein kleines Mädchen ging allein,
ging allein, ging allein,
in die weite Welt hinein, Welt hinein.

Das Mädchen geht auf der Bühne umher. Gehmusik auf Klangbausteinen (z. B. Töne c und g).

2. Es hatte keine Mutter mehr,
Mutter mehr, Mutter mehr -
und auch keinen Vater mehr, Vater mehr.

Gehmusik auf Klangbausteinen.

3. Mit einem Brotstück in der Hand,
in der Hand, in der Hand,
so ging es über Feld und Land,
Feld und Land.

Gehmusik auf Klangbausteinen.

4. Ein Mann sprach zu ihr: „Gib mir Brot.
Bin in Not, bin in Not!"
Das Mädchen gab ihm gern das Brot,
gern das Brot.

Das Mädchen bleibt beim Mann stehen und gibt ihm das Brot. Es geht weiter zur Gehmusik auf Klangbausteinen.

5. Ein Kind sprach: „Es friert mich am Kopf,
mich am Kopf, mich am Kopf."
Ein Kind sprach: „Es friert mich am Kopf,
mich am Kopf!"

Das Mädchen bleibt beim Kind stehen.

6. Das Mädchen gab die Mütze fort,
Mütze fort, Mütze fort.
Das Mädchen gab die Mütze fort,
Mütze fort.

Das Mädchen gibt ihm die Mütze. Es geht weiter zur Gehmusik auf Klangbausteinen.

7. Ein Junge sprach: „Es ist so kalt
hier im Wald, hier im Wald."
Ein Junge sprach: „Es ist so kalt hier
im Wald."

Das Mädchen bleibt beim Jungen stehen.

8. Die Jacke gab das Mädchen ihm,
Mädchen ihm, Mädchen ihm.
Die Jacke gab das Mädchen ihm,
Mädchen ihm.

Das Mädchen gibt ihm die Jacke. Es geht weiter zur Gehmusik auf Klangbausteinen

9. Ein Mädchen bat sie um den Rock,
um den Rock, um den Rock.
Das arme Mädchen gab den Rock,
gab den Rock.

Das Mädchen bleibt beim ihm stehen und gibt ihr den Rockt. Es geht weiter zur Gehmusik auf Klangbausteinen.

10. Im dunklen Wald bat es ein Kind,
es ein Kind, es ein Kind,
um sein letztes Hemd geschwind,
Hemd geschwind.

Das Mädchen bleibt beim Kind stehen und gibt ihm das Hemd.

11. Die Sterne fielen nun herab,
nun herab, nun herab.
Vom Himmel fielen sie herab, sie herab.

Es werden die Sterntaler im hohen Bogen auf das Mädchen gestreut. Gleichzeitig ertönt eine schöne Sternenmusik auf Zimbeln, Triangel, Metallophon-Klangbausteinen, Sen-plates oder Six-flats. Zwei Kinder, als Sternenkinder verkleidet, helfen dem Mädchen, sein Leinenhemd anzuziehen.

12. In ein Hemd von Leinen fein,
Leinen fein, Leinen fein,
da sammelt es die Taler ein, Taler ein.

Das Mädchen sammelt die Taler ein.

13. Ein gutes Herz, das macht uns reich,
macht uns reich, macht uns reich.
Für immer und in Ewigkeit, Ewigkeit

Das Mädchen stellt sich in die Mitte der Bühne. Die anderen Darsteller stellen sich im Halbkreis um sie herum. Die letzte Strophe wird nochmals wiederholt und das Mädchen geht ins Publikum und teilt ihre Sterntaler aus.